CHAPITRE 1 : ORIGINES DES CRYPTOMONNAIES : AU-DELÀ DE BITCOIN

Introduction
Le monde des cryptomonnaies est souvent synonyme de Bitcoin, la première et la plus célèbre des monnaies numériques. Cependant, l'histoire des cryptomonnaies est bien plus riche et complexe, remontant à des décennies avant la création de Bitcoin. Ce chapitre vise à explorer les origines des cryptomonnaies, en mettant en lumière les développements technologiques, économiques et philosophiques qui ont pavé la voie à leur émergence.

1. Précurseurs Cryptographiques et Concepts Clés
   - B-Money et Bit Gold: Avant Bitcoin, des idées comme B-Money de Wei Dai et Bit Gold de Nick Szabo ont introduit des concepts clés tels que la preuve de travail et la décentralisation.
   - Hashcash et la Preuve de Travail: Développé par Adam Back, Hashcash a utilisé la preuve de travail pour lutter contre le spam email, une idée qui deviendra centrale dans la création de Bitcoin.

2. Contexte Socio-Économique
   - Cypherpunks et Libertarisme: Le mouvement des cypherpunks, prônant l'utilisation de la cryptographie pour

préserver la vie privée, a joué un rôle crucial dans la philosophie sous-jacente des cryptomonnaies.
- Crise Financière de 2008: La méfiance envers les institutions financières traditionnelles, exacerbée par la crise de 2008, a créé un terrain fertile pour l'adoption de monnaies alternatives comme Bitcoin.

3. Naissance de Bitcoin et Son Impact
- Le Livre Blanc de Satoshi Nakamoto: L'analyse du livre blanc de Bitcoin, publié en 2008, qui a posé les bases théoriques et techniques de la première cryptomonnaie décentralisée.
- Réception et Adoption Initiales: Comment Bitcoin a été reçu par la communauté technologique et les premiers adoptants, et son évolution rapide en tant que phénomène culturel et économique.

4. Au-delà de Bitcoin: Diversification et Évolution
- Altcoins et Diversification: L'émergence d'altcoins (alternatives à Bitcoin) comme Litecoin, Ripple, et Ethereum, chacune apportant des innovations en termes de vitesse, sécurité, et fonctionnalités.
- Smart Contracts et Ethereum: L'introduction des smart contracts par Ethereum, marquant une évolution significative dans les applications possibles des cryptomonnaies.

5. Leçons Tirées et Héritage
- Innovations et Échecs: Analyse des réussites et des échecs dans les premières années des cryptomonnaies, et comment elles ont façonné le paysage actuel.
- Héritage et Influence sur les Technologies Actuelles: Comment les idées et les technologies issues des premières cryptomonnaies continuent d'influencer le monde de la blockchain et au-delà.

Conclusion

Les origines des cryptomonnaies sont profondément enracinées dans une histoire de recherche de décentralisation, de sécurité et d'autonomie financière. En comprenant les développements qui

Partie I : Fondements et Évolution
Origines des Cryptomonnaies : Au-delà de Bitcoin
Évolution des Modèles de Consensus : Proof of Work, Proof of Stake, et Au-delà
Analyse Comparative des Blockchains de Première, Deuxième et Troisième Génération
Cryptomonnaies et Théorie des Jeux : Comprendre les Incitations Économiques
Démocratisation Financière ou Nouvelle Élite ? Analyse Sociologique

Partie II : Aspects Économiques Approfondis
Cryptomonnaies dans les Crises Économiques : Refuge ou Risque ?
Analyse des Bulles Spéculatives dans l'Histoire des Crypto Monnaies
Cryptomonnaies et Évasion Fiscale : Enjeux et Solutions
Microéconomie des Tokens Non Fongibles (NFTs)
Cryptomonnaies et Redistribution de la Richesse

Partie III : Environnement et Durabilité
Blockchain et Économie Circulaire : Potentiel et Limites
Cryptomonnaies et Finance Verte : Investissements Responsables
Impact Environnemental des Fermes de Minage
Développement de Blockchains Éco-responsables
Cryptomonnaies et Gestion des Ressources Naturelles

Partie IV : Innovations et Applications Méconnues
Blockchain dans le Secteur de la Santé : Confidentialité et Efficacité
Utilisation des Cryptomonnaies dans les Zones de Conflit et les Crises Humanitaires
Blockchain et Gouvernance : Vote Électronique et Au-delà
Cryptomonnaies et Art : Au-delà des NFTs
Blockchain et Gestion de l'Identité Numérique

Partie V : Intelligence Artificielle et Cryptomonnaies
        IA pour la Prédiction des Marchés de Cryptomonnaies
        Smart Contracts Auto-Évolutifs grâce à l'IA
        IA et Analyse des Risques de Fraude dans les Cryptomonnaies
        Développement de Cryptomonnaies Gérées par IA
        IA et Optimisation des Réseaux Blockchain

Partie VI : Perspectives Futures et Exploration
        Cryptomonnaies dans l'Espace : Financement et Logistique des Missions Spatiales
        Blockchain et Internet des Objets (IoT) : Création d'Économies Autonomes
        Cryptomonnaies et Économie Quantique : Préparation au Futur
        Exploration des Cryptomonnaies dans les Mondes Virtuels et Métavers
        Prospective : Cryptomonnaies dans 50 Ans

Ce plan détaillé vise à explorer des aspects souvent négligés ou peu discutés dans l'étude des cryptomonnaies, offrant une perspective plus riche et diversifiée sur ce domaine en constante évolution.

ont précédé Bitcoin, on peut mieux apprécier la complexité et la richesse de l'écosystème des cryptomonnaies aujourd'hui. Ce chapitre a mis en lumière non seulement les aspects techniques, mais aussi les motivations socio-économiques et philosophiques qui ont conduit à la naissance de ces monnaies numériques révolutionnaires.

CHAPITRE 2: ÉVOLUTION DES MODÈLES DE CONSENSUS : PROOF OF WORK, PROOF OF STAKE, ET AU-DELÀ

Introduction
Les modèles de consensus sont au cœur du fonctionnement des cryptomonnaies et des blockchains. Ils déterminent comment les transactions sont validées et comment la sécurité et l'intégrité du réseau sont maintenues. Ce chapitre explore l'évolution de ces modèles, de la Proof of Work (PoW) à la Proof of Stake (PoS) et au-delà, en mettant en lumière leurs impacts et innovations.

1. Proof of Work (PoW) : Les Fondations
- Concept et Fonctionnement: Explication du mécanisme de PoW, où les mineurs résolvent des problèmes cryptographiques complexes pour valider les transactions et créer de nouveaux blocs.
- Bitcoin et PoW: Comment Bitcoin a utilisé PoW pour créer un système décentralisé et sécurisé, et les implications de ce choix.
- Défis et Critiques: Analyse des défis liés à PoW, notamment la consommation énergétique élevée et les problèmes

d'échelle.
2. Proof of Stake (PoS) : Une Alternative Énergétiquement Efficace
   - Principes de PoS: Présentation du modèle PoS, où la création de blocs et la validation des transactions dépendent de la participation des détenteurs de monnaie.
   - Avantages de PoS sur PoW: Réduction de la consommation d'énergie, amélioration de l'échelle et de la sécurité.
   - Implémentations Notables: Ethereum 2.0, Cardano, et d'autres cryptomonnaies qui ont adopté ou prévoient d'adopter PoS.
3. Au-delà de PoW et PoS : Innovations et Nouveaux Modèles
   - Delegated Proof of Stake (DPoS): Explication du DPoS, une variation de PoS, où les détenteurs de tokens votent pour des délégués pour valider les transactions.
   - Proof of Authority (PoA) et Autres Modèles: Exploration de modèles alternatifs comme PoA, utilisés dans des contextes où la confiance est centralisée.
   - Consensus Hybride: Discussion sur les modèles hybrides qui combinent PoW et PoS pour tirer parti des avantages de chaque système.
4. Implications pour la Sécurité et la Décentralisation
   - Sécurité des Réseaux Blockchain: Analyse de la manière dont différents modèles de consensus affectent la sécurité et la résistance aux attaques.
   - Décentralisation et Distribution du Pouvoir: Évaluation de l'impact de chaque modèle sur la décentralisation du réseau et la distribution du pouvoir parmi les participants.
5. Avenir des Modèles de Consensus
   - Tendances et Innovations Futures: Exploration des recherches en cours sur les modèles de consensus, y compris l'intégration de l'intelligence artificielle et des systèmes multi-chaînes.
   - Impact sur l'Adoption et la Régulation des Cryptomonnaies: Comment l'évolution des modèles de consensus pourrait influencer l'adoption généralisée des cryptomonnaies et les

approches réglementaires.

Conclusion

L'évolution des modèles de consensus est un aspect crucial de l'évolution des cryptomonnaies et de la technologie blockchain. En passant de PoW à PoS et à d'autres modèles innovants, la communauté cherche à résoudre des problèmes tels que la consommation d'énergie, la sécurité, et la scalabilité. Ce chapitre a mis en évidence non seulement les aspects techniques de ces modèles, mais aussi leurs implications socio-économiques et environnementales, offrant une perspective complète sur l'avenir de la technologie blockchain.

CHAPITRE 3: ANALYSE COMPARATIVE DES BLOCKCHAINS DE PREMIÈRE, DEUXIÈME ET TROISIÈME GÉNÉRATION

Introduction
L'évolution de la technologie blockchain peut être divisée en trois générations distinctes, chacune apportant des innovations et des améliorations significatives. Ce chapitre offre une analyse comparative de ces générations, en mettant l'accent sur leurs caractéristiques, leurs applications et leurs impacts.

1. Première Génération : La Naissance de la Blockchain
   - Bitcoin et la Blockchain Originale: Exploration de Bitcoin comme la première application de la technologie blockchain, axée sur la création d'une monnaie numérique décentralisée.
   - Caractéristiques et Limitations: Analyse des caractéristiques clés telles que la PoW, la sécurité, et la transparence, ainsi que des limitations comme la scalabilité et la consommation d'énergie.

2. Deuxième Génération : Introduction des Smart Contracts
   - Ethereum et l'Expansion des Fonctionnalités: Présentation d'Ethereum comme le pionnier de la deuxième génération,

introduisant les smart contracts et la possibilité de créer des applications décentralisées (DApps).
- Impact des Smart Contracts: Discussion sur la manière dont les smart contracts ont élargi les utilisations de la blockchain au-delà des transactions financières, incluant des domaines comme les jeux, la finance décentralisée (DeFi), et plus encore.

3. Troisième Génération : Interopérabilité et Scalabilité
- Cardano, Polkadot, et Autres: Presentation des blockchains de troisième génération, qui visent à résoudre les problèmes de scalabilité et d'interopérabilité rencontrés par leurs prédécesseurs.
- Innovations Clés: Exploration des technologies telles que les chaînes de blocs parallèles, les preuves de participation déléguées (DPoS), et les solutions de layer 2.
- Interopérabilité et Durabilité: Analyse de l'importance de l'interopérabilité pour l'avenir des blockchains et de l'accent mis sur des solutions plus durables et éco-responsables.

4. Comparaison des Performances et des Applications
- Analyse des Performances: Comparaison des vitesses de transaction, des coûts, de la consommation d'énergie, et de la facilité d'utilisation entre les différentes générations.
- Applications Spécifiques à Chaque Génération: Discussion sur comment chaque génération a ouvert la voie à des applications uniques et innovantes dans divers secteurs.

5. Défis et Perspectives d'Avenir
- Défis Actuels: Exploration des défis auxquels chaque génération de blockchain fait face, y compris les questions de réglementation, d'adoption par le grand public, et de sécurité.
- Avenir de la Blockchain: Réflexions sur l'avenir de la technologie blockchain, en tenant compte des leçons apprises de chaque génération et des tendances émergentes.

Conclusion

Les blockchains de première, deuxième et troisième génération représentent des étapes clés dans l'évolution de cette technologie révolutionnaire. Chaque génération a apporté des améliorations et des innovations significatives, ouvrant la voie à de nouvelles applications et possibilités. En comprenant les forces, les faiblesses et les contributions uniques de chaque génération, on peut mieux apprécier le potentiel futur de la blockchain et son impact sur divers secteurs.

CHAPITRE 4: CRYPTOMONNAIES ET THÉORIE DES JEUX : COMPRENDRE LES INCITATIONS ÉCONOMIQUES

Introduction
La théorie des jeux, une branche de la mathématique appliquée, joue un rôle crucial dans la compréhension des cryptomonnaies. Elle aide à analyser les comportements stratégiques des acteurs dans un environnement où les interactions sont essentielles. Ce chapitre explore comment la théorie des jeux s'applique aux cryptomonnaies, en particulier dans la conception des incitations économiques et la sécurisation des réseaux.

1. Fondements de la Théorie des Jeux dans les Cryptomonnaies
   - Principes de Base: Introduction aux concepts clés de la théorie des jeux, tels que les jeux à somme nulle, les stratégies dominantes, et l'équilibre de Nash.
   - Application aux Cryptomonnaies: Comment ces concepts s'appliquent à la dynamique des cryptomonnaies, en particulier dans le contexte de la validation des transactions et de la création de blocs.

2. Proof of Work et Théorie des Jeux

- Minage et Incitations: Analyse de la façon dont la théorie des jeux explique le comportement des mineurs dans le modèle Proof of Work (PoW).
- Équilibre et Sécurité du Réseau: Discussion sur la manière dont l'équilibre de Nash est atteint dans PoW, assurant la sécurité et la fiabilité du réseau.

3. Proof of Stake et Incitations Économiques
   - Staking et Prise de Décision: Exploration du modèle Proof of Stake (PoS) à travers le prisme de la théorie des jeux, en se concentrant sur les incitations pour les validateurs.
   - Risques et Récompenses: Comment la théorie des jeux aide à équilibrer les risques et les récompenses dans PoS, encourageant la participation honnête.

4. Jeux et Gouvernance des Cryptomonnaies
   - Prise de Décision Collective: Application de la théorie des jeux à la gouvernance des cryptomonnaies, en analysant comment les participants prennent des décisions collectives.
   - Mécanismes de Vote et Incitations: Étude des différents mécanismes de vote et de leur efficacité à refléter les intérêts des participants tout en évitant les manipulations.

5. Dilemmes et Défis dans les Cryptomonnaies
   - Dilemme du Prisonnier et Collaboration: Exploration des situations où les participants doivent choisir entre coopération et compétition, et comment cela affecte la stabilité du réseau.
   - Jeux à Information Incomplète: Discussion sur les défis posés par les jeux à information incomplète dans l'écosystème des cryptomonnaies, tels que la spéculation et la manipulation de marché.

6. Perspectives Futures
   - Évolution des Modèles de Consensus: Réflexion sur la manière dont la théorie des jeux pourrait influencer le développement de nouveaux modèles de consensus.
   - Innovations et Régulation: Exploration des implications potentielles de la théorie des jeux pour l'innovation future dans les cryptomonnaies et leur régulation.

Conclusion

La théorie des jeux offre un cadre puissant pour comprendre et concevoir les systèmes économiques et les incitations au sein de l'écosystème des cryptomonnaies. En analysant les interactions stratégiques entre les différents acteurs, elle aide à assurer la sécurité, la stabilité et l'efficacité de ces systèmes décentralisés. Ce chapitre a mis en lumière l'importance de la théorie des jeux non seulement dans la compréhension des cryptomonnaies existantes, mais aussi dans le développement de technologies et de politiques futures.

ChatGPT can make mistakes. Consider checking important

CHAPITRE 5: DÉMOCRATISATION FINANCIÈRE OU NOUVELLE ÉLITE ? ANALYSE SOCIOLOGIQUE

Introduction
Les cryptomonnaies ont été saluées comme des outils de démocratisation financière, offrant un accès sans précédent aux systèmes financiers. Cependant, elles ont également été critiquées pour avoir créé une nouvelle élite. Ce chapitre propose une analyse sociologique de cet aspect, explorant les impacts sociaux et économiques des cryptomonnaies sur différentes strates de la société.

1. Promesses de Démocratisation
   - Accès Élargi aux Services Financiers: Exploration de la manière dont les cryptomonnaies offrent un accès aux services financiers dans les régions sous-bancarisées.
   - Autonomisation des Petits Investisseurs: Analyse de l'impact des cryptomonnaies sur les petits investisseurs et leur capacité à participer aux marchés financiers globaux.

2. Création d'une Nouvelle Élite
   - Concentration de la Richesse: Examen de la concentration de

la richesse dans l'espace des cryptomonnaies et de la création potentielle d'une nouvelle élite financière.
- Barrières Techniques et Éducatives: Discussion sur les barrières à l'entrée, telles que la complexité technique et le besoin d'éducation financière, qui peuvent exclure certains groupes.

3. Impact sur les Systèmes Financiers Traditionnels
- Défi pour les Banques et Institutions Financières: Analyse de la manière dont les cryptomonnaies remettent en question les modèles d'affaires des banques traditionnelles.
- Réponses Réglementaires et Politiques: Exploration des réponses des gouvernements et des régulateurs face à la montée des cryptomonnaies.

4. Inégalités Socio-Économiques
- Répartition Géographique des Utilisateurs de Cryptomonnaies: Étude de la démographie des utilisateurs de cryptomonnaies à travers le monde et des inégalités socio-économiques qui en découlent.
- Cryptomonnaies et Inclusion Financière: Évaluation de l'efficacité des cryptomonnaies dans la réduction de la pauvreté et l'amélioration de l'inclusion financière.

5. Culture et Perception Sociale
- Cryptomonnaies dans la Culture Populaire: Analyse de la représentation des cryptomonnaies dans les médias, la culture populaire et leur impact sur la perception publique.
- Confiance et Adoption Sociale: Exploration des facteurs qui influencent la confiance et l'adoption des cryptomonnaies par le grand public.

6. Perspectives Futures
- Potentiel de Changement Social: Réflexion sur le potentiel des cryptomonnaies à engendrer des changements sociaux significatifs, en particulier dans les domaines de l'équité et de l'accès financier.
- Défis et Opportunités à Venir: Discussion sur les défis futurs, tels que l'équilibre entre innovation et régulation, et les opportunités pour une intégration plus équitable des

cryptomonnaies.

Conclusion

Les cryptomonnaies représentent à la fois une promesse de démocratisation financière et le risque de créer une nouvelle élite. Ce chapitre a exploré les nuances de cet impact, en mettant en lumière les opportunités et les défis que les cryptomonnaies présentent pour différents groupes sociaux. En comprenant ces dynamiques, on peut mieux appréhender le rôle potentiel des cryptomonnaies dans la formation de la structure socio-économique future.

CHAPITRE 6: CRYPTOMONNAIES DANS LES CRISES ÉCONOMIQUES : REFUGE OU RISQUE ?

Introduction
Les cryptomonnaies, avec leur nature décentralisée et leur indépendance vis-à-vis des systèmes financiers traditionnels, ont été perçues tantôt comme des refuges en temps de crise économique, tantôt comme des investissements à haut risque. Ce chapitre examine le rôle des cryptomonnaies pendant les périodes de turbulence économique, évaluant leur fiabilité et leur performance en tant qu'actifs de refuge.

1. Cryptomonnaies en tant que Refuge
   - Stabilité en Temps de Crise: Analyse des moments où les cryptomonnaies ont gagné en popularité en tant qu'actifs stables ou refuge pendant les crises financières.
   - Comparaison avec l'Or et Autres Actifs Refuges: Étude comparative des cryptomonnaies avec des actifs refuges traditionnels comme l'or, en termes de performance et de stabilité.

2. Risques et Volatilité
   - Volatilité des Prix: Examen de la volatilité inhérente aux cryptomonnaies et de son impact sur leur fiabilité en tant

qu'investissement pendant les crises.
- Facteurs Contribuant à la Volatilité: Analyse des facteurs qui contribuent à la volatilité des cryptomonnaies, y compris la spéculation, les réglementations, et les événements géopolitiques.

3. Cryptomonnaies et Crises Financières
- Réactions aux Crises Économiques Mondiales: Étude de cas sur la performance des cryptomonnaies pendant des crises économiques spécifiques, telles que la crise financière de 2008 et la pandémie de COVID-19.
- Adoption des Cryptomonnaies en Temps de Crise: Exploration de la manière dont les crises économiques influencent l'adoption et l'utilisation des cryptomonnaies à travers le monde.

4. Diversification et Gestion des Risques
- Cryptomonnaies dans les Portefeuilles d'Investissement: Discussion sur le rôle des cryptomonnaies dans la diversification des portefeuilles d'investissement et la gestion des risques.
- Stratégies d'Investissement en Temps de Crise: Analyse des stratégies adoptées par les investisseurs en cryptomonnaies pendant les périodes de crise économique.

5. Réglementation et Sécurité
- Impact des Réglementations en Temps de Crise: Évaluation de l'impact des changements réglementaires sur les cryptomonnaies pendant les crises économiques.
- Sécurité des Investissements en Cryptomonnaies: Discussion sur les mesures de sécurité et les risques associés à l'investissement dans les cryptomonnaies pendant les périodes d'instabilité.

6. Perspectives Futures
- Cryptomonnaies dans les Scénarios de Crise Futurs: Réflexions sur le potentiel des cryptomonnaies en tant qu'actifs de refuge dans les crises économiques futures.
- Développements et Innovations Attendus: Exploration

des innovations dans l'espace des cryptomonnaies qui pourraient influencer leur rôle en temps de crise.

Conclusion

Les cryptomonnaies présentent un profil complexe en tant qu'actifs de refuge pendant les crises économiques. Elles offrent à la fois des opportunités uniques de diversification et de résilience, mais aussi des risques significatifs liés à leur volatilité et à l'incertitude réglementaire. Ce chapitre a mis en lumière les multiples facettes des cryptomonnaies dans le contexte des crises économiques, offrant une perspective équilibrée sur leur rôle potentiel en tant qu'actifs de refuge ou de risque.

CHAPITRE 7: ANALYSE DES BULLES SPÉCULATIVES DANS L'HISTOIRE DES CRYPTOMONNAIES

Introduction
L'histoire des cryptomonnaies a été marquée par plusieurs bulles spéculatives, où des augmentations rapides et souvent insoutenables des prix ont été suivies de corrections tout aussi dramatiques. Ce chapitre explore ces bulles spéculatives, en examinant leurs causes, leurs conséquences et les leçons apprises.

1. Nature des Bulles Spéculatives
   - Définition et Caractéristiques: Introduction aux concepts de bulles spéculatives, en mettant l'accent sur leurs caractéristiques dans le contexte des cryptomonnaies.
   - Psychologie des Investisseurs: Analyse de la psychologie des investisseurs et de la manière dont elle contribue à la formation et à l'éclatement des bulles.

2. Bulles Historiques dans les Cryptomonnaies
   - La Bulle de Bitcoin de 2017: Étude approfondie de la bulle de Bitcoin en 2017, y compris les facteurs qui ont conduit à son ascension rapide et à sa chute ultérieure.
   - Autres Exemples Significatifs: Examen d'autres bulles spéculatives dans l'histoire des cryptomonnaies, telles que

les premières flambées de prix de l'Ethereum et d'autres altcoins.

3. Facteurs Contributifs
   - Spéculation et Hype Médiatique: Exploration du rôle de la spéculation et de l'attention médiatique dans la création de bulles spéculatives.
   - Influence des Nouveaux Investisseurs: Discussion sur l'impact des nouveaux investisseurs attirés par les gains rapides, souvent sans une compréhension approfondie du marché.
   - Rôle des Plateformes d'Échange et des ICOs: Analyse de la manière dont les plateformes d'échange et les offres initiales de pièces (ICOs) ont contribué à certaines bulles.

4. Conséquences Économiques et Sociales
   - Impact sur les Investisseurs Individuels: Évaluation de l'impact des bulles spéculatives sur les investisseurs individuels, en particulier ceux qui entrent sur le marché au sommet de la bulle.
   - Effets sur le Marché des Cryptomonnaies: Discussion sur la manière dont ces bulles ont affecté la perception globale des cryptomonnaies et leur adoption à long terme.

5. Régulation et Prévention
   - Réponses Réglementaires: Examen des réponses réglementaires aux bulles spéculatives et de leur efficacité pour prévenir de futures bulles.
   - Stratégies de Prévention pour les Investisseurs: Conseils et stratégies pour les investisseurs afin d'éviter les pièges des bulles spéculatives.

6. Leçons Apprises et Perspectives Futures
   - Analyse des Tendances Passées: Réflexions sur les leçons apprises des bulles précédentes et sur la manière dont elles peuvent informer les stratégies d'investissement futures.
   - Prévisions pour l'Avenir des Cryptomonnaies: Discussion sur les perspectives futures des cryptomonnaies et la probabilité de nouvelles bulles spéculatives.

Conclusion

Les bulles spéculatives dans l'histoire des cryptomonnaies offrent des leçons importantes sur la nature volatile de ces actifs, la psychologie des investisseurs et l'importance d'une régulation équilibrée. En comprenant les causes et les conséquences de ces événements, les investisseurs et les régulateurs peuvent être mieux préparés pour naviguer dans le marché dynamique des cryptomonnaies. Ce chapitre a mis en évidence l'importance de l'éducation financière et de la prudence dans un domaine caractérisé par son innovation rapide et sa volatilité.

CHAPITRE 8: CRYPTOMONNAIES ET ÉVASION FISCALE : ENJEUX ET SOLUTIONS

Introduction

Les cryptomonnaies, avec leur nature décentralisée et leur anonymat relatif, ont soulevé des préoccupations concernant leur utilisation potentielle pour l'évasion fiscale. Ce chapitre explore les enjeux liés à l'évasion fiscale via les cryptomonnaies et examine les solutions proposées pour y remédier.

1. Cryptomonnaies et Anonymat
   - Nature Anonyme des Transactions: Discussion sur la façon dont l'anonymat des transactions en cryptomonnaies peut faciliter l'évasion fiscale.
   - Comparaison avec les Systèmes Financiers Traditionnels: Analyse des différences entre les cryptomonnaies et les systèmes financiers traditionnels en termes de traçabilité et de transparence.

2. Enjeux Fiscaux et Réglementaires
   - Défis pour les Autorités Fiscales: Exploration des difficultés rencontrées par les autorités fiscales pour suivre et taxer les transactions en cryptomonnaies.
   - Cadres Réglementaires Internationaux: Examen des efforts

internationaux pour intégrer les cryptomonnaies dans les cadres fiscaux existants.
3. Cas d'Évasion Fiscale et Études de Cas
- Exemples Notables d'Évasion Fiscale: Présentation de cas réels où les cryptomonnaies ont été utilisées pour l'évasion fiscale.
- Analyse des Méthodes d'Évasion: Discussion sur les tactiques et stratégies utilisées pour éviter la détection et la taxation.
4. Solutions Technologiques et Réglementaires
- Amélioration de la Transparence: Exploration des technologies, comme les blockchains publiques et les outils d'analyse de transactions, qui peuvent augmenter la transparence.
- Réglementations et Conformité: Discussion sur les lois et réglementations mises en place pour lutter contre l'évasion fiscale via les cryptomonnaies.
5. Collaboration Internationale et Échange d'Informations
- Initiatives Globales: Examen des initiatives internationales pour une meilleure collaboration et un échange d'informations entre les pays.
- Équilibre entre Vie Privée et Conformité Fiscale: Discussion sur la manière de trouver un équilibre entre le respect de la vie privée des utilisateurs et les exigences de conformité fiscale.
6. Éducation et Sensibilisation
- Rôle de l'Éducation Financière: Importance de l'éducation financière pour sensibiliser les utilisateurs de cryptomonnaies aux obligations fiscales.
- Campagnes de Sensibilisation des Autorités Fiscales: Présentation des efforts des autorités fiscales pour informer le public sur la fiscalité des cryptomonnaies.
7. Perspectives Futures
- Évolution des Réglementations: Réflexions sur l'évolution future des réglementations fiscales concernant

les cryptomonnaies.
- Technologies Émergentes et Fiscalité: Discussion sur l'impact potentiel des nouvelles technologies blockchain sur la gestion de l'évasion fiscale.

Conclusion

L'évasion fiscale via les cryptomonnaies représente un défi complexe nécessitant une réponse coordonnée impliquant la technologie, la réglementation et l'éducation. Ce chapitre a mis en lumière les enjeux clés et les solutions potentielles, soulignant l'importance d'une approche équilibrée qui protège à la fois l'intégrité des systèmes fiscaux et la vie privée des utilisateurs. En abordant ces questions de manière proactive, il est possible de garantir que les cryptomonnaies soient utilisées de manière responsable et conforme aux lois fiscales.

CHAPITRE 9: MICROÉCONOMIE DES TOKENS NON FONGIBLES (NFTS)

Introduction
Les Tokens Non Fongibles (NFTs) ont révolutionné le concept de propriété numérique, créant un nouveau marché et de nouvelles dynamiques économiques. Ce chapitre explore la microéconomie des NFTs, en examinant leur création, leur valeur, et leur impact sur divers secteurs.

1. Compréhension des NFTs
   - Définition et Caractéristiques: Introduction aux NFTs, en expliquant ce qui les rend uniques par rapport aux actifs numériques traditionnels.
   - Technologie Blockchain et NFTs: Discussion sur la manière dont la technologie blockchain sous-tend les NFTs et garantit leur unicité et leur traçabilité.

2. Création et Émission de NFTs
   - Processus de Création: Exploration du processus de création (ou "minting") des NFTs, y compris les aspects techniques et créatifs.
   - Facteurs Déterminant la Valeur: Analyse des facteurs qui influencent la valeur des NFTs, tels que la rareté, l'artiste, l'histoire et la communauté.

3. Marchés et Plateformes de NFTs
   - Dynamiques du Marché des NFTs: Examen des

caractéristiques uniques du marché des NFTs, y compris la liquidité, la volatilité et les tendances.
- Plateformes d'Échange de NFTs: Présentation des principales plateformes d'échange de NFTs et de leur rôle dans la facilitation des transactions.

4. Utilisation et Applications des NFTs
- NFTs dans l'Art et la Culture: Discussion sur l'utilisation des NFTs dans le monde de l'art, y compris les ventes aux enchères et la propriété numérique.
- NFTs dans les Jeux Vidéo et le Divertissement: Exploration de l'utilisation des NFTs dans les jeux vidéo et le divertissement, et leur impact sur ces industries.

5. Spéculation et Investissement en NFTs
- NFTs en tant qu'Investissements: Analyse de la popularité des NFTs en tant qu'actifs d'investissement et des risques associés.
- Bulles Spéculatives et Stabilité du Marché: Discussion sur les bulles spéculatives dans le marché des NFTs et leur impact potentiel à long terme.

6. Enjeux Éthiques et Légaux
- Droits d'Auteur et Propriété Intellectuelle: Examen des questions de droits d'auteur et de propriété intellectuelle liées aux NFTs.
- Considérations Éthiques et Environnementales: Discussion sur les préoccupations éthiques et environnementales, notamment l'impact écologique du "minting" des NFTs.

7. Perspectives Futures
- Innovations et Évolutions à Venir: Réflexions sur les innovations futures dans l'espace des NFTs et leur potentiel d'intégration dans divers secteurs.
- Impact à Long Terme sur l'Économie Numérique: Exploration de l'impact potentiel des NFTs sur l'économie numérique globale et les modèles d'affaires traditionnels.

Conclusion

Les NFTs représentent une avancée significative dans la manière dont la propriété numérique est perçue et gérée, offrant de nouvelles opportunités et défis. Ce chapitre a mis en lumière la complexité de la microéconomie des NFTs, soulignant leur potentiel disruptif ainsi que les questions éthiques et pratiques qu'ils soulèvent. En continuant à évoluer, les NFTs pourraient redéfinir de nombreux aspects de l'interaction numérique et de la création de valeur dans l'économie numérique.

CHAPITRE 10: CRYPTOMONNAIES ET REDISTRIBUTION DE LA RICHESSE

Introduction
Les cryptomonnaies ont été présentées comme des instruments potentiels de redistribution de la richesse, capables de bouleverser les structures financières traditionnelles. Ce chapitre explore l'impact des cryptomonnaies sur la distribution de la richesse à l'échelle mondiale, en examinant à la fois les opportunités et les défis qu'elles présentent.

1. Potentiel de Redistribution par les Cryptomonnaies
   - Accès Élargi aux Marchés Financiers: Discussion sur la manière dont les cryptomonnaies offrent un accès plus large aux marchés financiers, en particulier pour les populations non bancarisées.
   - Démocratisation des Investissements: Analyse de la façon dont les cryptomonnaies permettent une participation plus large aux opportunités d'investissement.

2. Réalités de la Distribution de la Richesse dans les Cryptomonnaies
   - Concentration de la Richesse: Examen de la concentration actuelle de la richesse dans l'espace des cryptomonnaies et de ses implications.
   - Volatilité et Risques d'Investissement: Discussion sur la volatilité des cryptomonnaies et son impact sur les

investisseurs de différents niveaux de richesse.
3. Cryptomonnaies dans les Économies en Développement
   - Impact sur les Économies Émergentes: Exploration de l'impact des cryptomonnaies sur les économies en développement, y compris les avantages et les risques.
   - Cas d'Utilisation Réussis: Présentation d'exemples où les cryptomonnaies ont aidé à améliorer l'accès financier et à redistribuer la richesse dans les économies émergentes.
4. Barrières à la Redistribution Équitable
   - Complexité Technique et Éducation Financière: Analyse des barrières techniques et du besoin d'éducation financière qui peuvent limiter l'accès aux cryptomonnaies.
   - Réglementations et Politiques Gouvernementales: Discussion sur le rôle des réglementations et des politiques gouvernementales dans la facilitation ou l'entrave à la redistribution de la richesse par les cryptomonnaies.
5. Cryptomonnaies et Inégalités Sociales
   - Cryptomonnaies et Inégalité de Richesse: Évaluation de l'impact des cryptomonnaies sur les inégalités de richesse existantes.
   - Défis Éthiques et Sociaux: Exploration des défis éthiques et sociaux posés par l'adoption croissante des cryptomonnaies.
6. Perspectives Futures et Potentiel de Changement
   - Innovations et Évolutions Futures: Réflexions sur les innovations futures dans l'espace des cryptomonnaies et leur potentiel pour favoriser une redistribution plus équitable de la richesse.
   - Stratégies pour une Distribution Plus Équitable: Discussion sur les stratégies potentielles pour utiliser les cryptomonnaies comme outils de redistribution de la richesse.

Conclusion

Les cryptomonnaies présentent à la fois des opportunités et des défis en matière de redistribution de la richesse. Elles offrent un potentiel significatif pour démocratiser l'accès aux marchés financiers et pour influencer positivement les économies en développement. Cependant, les défis tels que la concentration de la richesse, la volatilité et les barrières techniques doivent être abordés pour réaliser pleinement ce potentiel. Ce chapitre souligne l'importance d'une approche équilibrée et informée pour exploiter les cryptomonnaies comme des outils de changement économique et social.

CHAPITRE 11 : BLOCKCHAIN ET ÉCONOMIE CIRCULAIRE : POTENTIEL ET LIMITES

Introduction

L'intégration de la technologie blockchain dans l'économie circulaire présente un potentiel considérable pour améliorer la traçabilité, la transparence et l'efficacité des ressources. Ce chapitre explore comment la blockchain peut faciliter la transition vers une économie plus circulaire, tout en examinant ses limites et défis.

1. Principes de l'Économie Circulaire
   - Définition et Objectifs: Introduction aux concepts clés de l'économie circulaire, centrée sur la réduction des déchets et la maximisation de l'utilisation des ressources.
   - Défis Actuels: Discussion sur les défis actuels dans la mise en œuvre de l'économie circulaire, notamment en matière de traçabilité et de gestion des ressources.

2. Rôle de la Blockchain dans l'Économie Circulaire
   - Traçabilité Améliorée: Exploration de la manière dont la blockchain peut offrir une traçabilité inégalée des produits et des matériaux tout au long de leur cycle de vie.
   - Transparence et Fiabilité des Données: Analyse

de la capacité de la blockchain à fournir des données transparentes et fiables, essentielles pour une économie circulaire efficace.

3. Cas d'Utilisation et Applications
- Gestion des Déchets et Recyclage: Présentation de cas d'utilisation de la blockchain pour améliorer la gestion des déchets et les processus de recyclage.
- Chaînes d'Approvisionnement Durables: Exemples de la manière dont la blockchain est utilisée pour créer des chaînes d'approvisionnement plus durables et responsables.

4. Potentiel d'Innovation et de Collaboration
- Plateformes Collaboratives: Discussion sur le potentiel des plateformes basées sur la blockchain pour faciliter la collaboration entre différents acteurs de l'économie circulaire.
- Innovation dans les Modèles d'Affaires: Exploration des nouvelles opportunités d'affaires et modèles économiques rendus possibles par l'intégration de la blockchain.

5. Limites et Défis de la Blockchain
- Consommation Énergétique: Examen de la consommation énergétique de certaines blockchains et de son impact sur les objectifs de durabilité.
- Complexité Technique et Adoption: Analyse des défis liés à la complexité technique de la blockchain et aux obstacles à son adoption généralisée.

6. Perspectives Futures
- Évolutions Technologiques: Réflexions sur les développements futurs dans la technologie blockchain qui pourraient améliorer son application dans l'économie circulaire.
- Intégration avec d'Autres Technologies: Discussion sur la manière dont la blockchain pourrait être intégrée avec d'autres technologies innovantes pour renforcer l'économie circulaire.

Conclusion

La blockchain offre des possibilités passionnantes pour faire avancer l'économie circulaire, grâce à sa capacité à assurer la traçabilité, la transparence et l'efficacité. Cependant, pour réaliser pleinement son potentiel, il est essentiel de surmonter les défis liés à la consommation énergétique et à la complexité technique. Ce chapitre met en lumière le rôle potentiel de la blockchain en tant que catalyseur de l'économie circulaire, tout en reconnaissant les limites et les défis à relever pour une intégration réussie.

CHAPITRE 12: CRYPTOMONNAIES ET FINANCE VERTE : INVESTISSEMENTS RESPONSABLES

Introduction

L'intersection des cryptomonnaies et de la finance verte représente un domaine émergent et prometteur. Ce chapitre explore comment les cryptomonnaies peuvent contribuer à des investissements plus responsables et durables, tout en examinant les défis et les opportunités associés à cette convergence.

1. Finance Verte : Fondements et Importance
   - Principes de la Finance Verte: Introduction aux concepts clés de la finance verte, y compris la durabilité, l'investissement responsable et l'impact environnemental.
   - Rôle dans la Lutte contre le Changement Climatique: Discussion sur l'importance de la finance verte dans la lutte contre le changement climatique et la promotion du développement durable.

2. Cryptomonnaies et Durabilité
   - Impact Environnemental des Cryptomonnaies: Analyse de l'impact environnemental des cryptomonnaies, en particulier en ce qui concerne la consommation d'énergie du minage.

- Initiatives pour des Cryptomonnaies Plus Vertes: Présentation des efforts pour rendre les cryptomonnaies plus écologiques, y compris les alternatives à la preuve de travail (Proof of Work) et les projets de compensation carbone.

3. Cryptomonnaies dans les Investissements Durables
   - Tokenisation des Actifs Verts: Exploration de la tokenisation des actifs verts et de son potentiel pour démocratiser l'accès aux investissements durables.
   - Projets et Plateformes de Finance Verte Basés sur la Blockchain: Présentation de projets et plateformes spécifiques qui utilisent la blockchain pour faciliter les investissements verts.

4. Transparence et Traçabilité
   - Avantages de la Blockchain pour la Finance Verte: Discussion sur la manière dont la blockchain peut améliorer la transparence et la traçabilité dans les investissements verts.
   - Certification et Reporting des Projets Durables: Analyse de l'utilisation de la blockchain pour la certification et le reporting des projets durables.

5. Défis et Critiques
   - Défis de l'Intégration: Examen des défis liés à l'intégration des cryptomonnaies dans la finance verte, y compris les questions réglementaires et de marché.
   - Critiques et Préoccupations Éthiques: Discussion sur les critiques concernant l'utilisation des cryptomonnaies dans la finance verte, notamment en termes d'éthique et de durabilité réelle.

6. Perspectives Futures et Potentiel de Croissance
   - Innovations Futures dans la Finance Verte et les Cryptomonnaies: Réflexions sur les innovations futures et le potentiel de croissance de l'intersection entre la finance verte et les cryptomonnaies.
   - Rôle Potentiel dans la Transition Écologique: Exploration

du rôle potentiel des cryptomonnaies dans la facilitation de la transition vers une économie plus verte et durable.

Conclusion

Les cryptomonnaies, malgré leurs défis, offrent des opportunités uniques pour promouvoir des investissements responsables et soutenir la finance verte. En améliorant la transparence, la traçabilité et l'accès aux investissements durables, elles peuvent jouer un rôle significatif dans la transition vers des pratiques financières plus durables. Ce chapitre souligne l'importance de surmonter les défis environnementaux et réglementaires actuels pour réaliser pleinement le potentiel des cryptomonnaies dans la promotion d'une finance plus verte et responsable.

CHAPITRE 13: IMPACT ENVIRONNEMENTAL DES FERMES DE MINAGE

Introduction
Le minage de cryptomonnaies, en particulier pour des monnaies comme Bitcoin, nécessite une quantité significative d'énergie, soulevant des préoccupations environnementales. Ce chapitre examine l'impact environnemental des fermes de minage de cryptomonnaies et explore les solutions potentielles pour réduire leur empreinte écologique.
1. Processus de Minage et Consommation d'Énergie
   - Fonctionnement des Fermes de Minage: Explication du processus de minage, y compris le rôle des fermes de minage dans la validation des transactions et la création de nouvelles unités de monnaie.
   - Consommation Énergétique Élevée: Analyse de la consommation énergétique des grandes fermes de minage et de son impact sur l'environnement.
2. Impact Environnemental
   - Émissions de Gaz à Effet de Serre: Évaluation des émissions de CO_2 et d'autres gaz à effet de serre résultant de l'activité intense des fermes de minage.
   - Utilisation des Ressources Énergétiques: Discussion sur les sources d'énergie utilisées par les fermes de minage, y

compris les énergies renouvelables et non renouvelables.
3. Géographie des Fermes de Minage
- Répartition Mondiale des Fermes de Minage: Examen de la distribution géographique des fermes de minage et de leur impact environnemental dans différentes régions.
- Migration des Fermes de Minage: Analyse des tendances de délocalisation des fermes de minage vers des régions offrant une électricité moins chère ou plus verte.

4. Solutions et Innovations
- Minage Plus Écologique: Présentation des initiatives visant à rendre le minage de cryptomonnaies plus écologique, y compris l'utilisation d'énergies renouvelables.
- Innovations Technologiques: Exploration des avancées technologiques, telles que les systèmes de refroidissement plus efficaces et les matériels de minage à faible consommation d'énergie.

5. Alternatives au Minage Traditionnel
- Modèles de Consensus Alternatifs: Discussion sur les alternatives au modèle de preuve de travail (Proof of Work), comme la preuve d'enjeu (Proof of Stake), et leur impact potentiellement réduit sur l'environnement.
- Décentralisation et Énergie: Analyse de la relation entre la décentralisation des cryptomonnaies et les exigences énergétiques.

6. Réglementations et Politiques
- Réponses Politiques et Réglementaires: Examen des politiques gouvernementales et des réglementations visant à limiter l'impact environnemental des fermes de minage.
- Incitations pour des Pratiques Durables: Discussion sur les incitations économiques et fiscales pour encourager des pratiques de minage plus durables.

7. Perspectives Futures
- Évolution du Paysage du Minage: Réflexions sur l'avenir du minage de cryptomonnaies et son impact environnemental.
- Rôle des Communautés et des Investisseurs: Exploration

du rôle que les communautés de cryptomonnaies et les investisseurs peuvent jouer dans la promotion de pratiques de minage respectueuses de l'environnement.

Conclusion

L'impact environnemental des fermes de minage est une préoccupation majeure dans l'univers des cryptomonnaies. Alors que la demande en cryptomonnaies continue de croître, il est crucial de trouver des moyens de réduire leur empreinte écologique. Ce chapitre met en évidence la nécessité d'une approche équilibrée qui tient compte à la fois des avantages économiques du minage de cryptomonnaies et de la nécessité impérieuse de protéger notre environnement.

CHAPITRE 14: DÉVELOPPEMENT DE BLOCKCHAINS ÉCO-RESPONSABLES

Introduction
Face aux préoccupations croissantes concernant l'impact environnemental des technologies blockchain, en particulier en ce qui concerne la consommation d'énergie, le développement de blockchains éco-responsables est devenu un sujet de première importance. Ce chapitre explore les stratégies et innovations visant à rendre la blockchain plus durable et respectueuse de l'environnement.

1. Problématiques Environnementales des Blockchains Actuelles
   - Consommation Énergétique des Blockchains: Analyse de la consommation énergétique élevée associée à certains modèles de blockchain, en particulier ceux utilisant le système de preuve de travail (Proof of Work).
   - Impact Carbone: Évaluation de l'empreinte carbone des blockchains et de son impact sur le changement climatique.

2. Innovations en Matière de Consensus Écologique
   - Preuve d'Enjeu (Proof of Stake): Présentation de la preuve d'enjeu comme alternative énergétiquement plus efficace à la preuve de travail.
   - Autres Modèles de Consensus: Exploration d'autres modèles de consensus innovants et moins énergivores, tels que la preuve d'autorité (Proof of Authority) et la preuve de

participation déléguée (Delegated Proof of Stake).
3. Utilisation d'Énergies Renouvelables
- Blockchain et Énergies Vertes: Discussion sur l'utilisation d'énergies renouvelables pour alimenter les infrastructures blockchain.
- Projets et Initiatives: Présentation de projets blockchain spécifiques qui utilisent ou encouragent l'utilisation d'énergies renouvelables.

4. Optimisation de l'Efficacité Énergétique
- Améliorations Technologiques: Exploration des avancées technologiques visant à améliorer l'efficacité énergétique des blockchains, y compris dans le matériel de minage.
- Réduction de la Charge de Calcul: Analyse des méthodes pour réduire la charge de calcul nécessaire au fonctionnement des blockchains.

5. Réglementations et Normes Écologiques
- Cadres Réglementaires: Examen des politiques et réglementations qui pourraient encourager ou imposer le développement de blockchains éco-responsables.
- Normes et Certifications: Discussion sur l'établissement de normes et de certifications pour promouvoir des pratiques durables dans l'industrie de la blockchain.

6. Sensibilisation et Engagement Communautaire
- Rôle des Communautés de Développeurs: Souligner l'importance de la sensibilisation et de l'engagement des communautés de développeurs dans la promotion de blockchains durables.
- Éducation et Ressources: Importance de l'éducation et de la mise à disposition de ressources pour soutenir le développement de blockchains éco-responsables.

7. Perspectives Futures
- Tendances et Innovations à Venir: Réflexions sur les tendances futures et les innovations potentielles dans le domaine des blockchains éco-responsables.
- Impact à Long Terme sur l'Industrie: Exploration de l'impact potentiel à long terme de blockchains plus durables

sur l'industrie de la blockchain et au-delà.

Conclusion

Le développement de blockchains éco-responsables est essentiel pour assurer la durabilité à long terme de cette technologie révolutionnaire. En combinant des innovations en matière de consensus, l'utilisation d'énergies renouvelables, des améliorations technologiques, et un cadre réglementaire adapté, il est possible de réduire significativement l'impact environnemental de la blockchain. Ce chapitre met en lumière l'importance d'une approche holistique et collaborative pour développer des solutions blockchain qui sont non seulement efficaces et sécurisées, mais aussi respectueuses de notre environnement.

CHAPITRE 15: CRYPTOMONNAIES ET GESTION DES RESSOURCES NATURELLES

Introduction

L'intersection entre les cryptomonnaies et la gestion des ressources naturelles ouvre des perspectives innovantes pour le suivi, la régulation et l'optimisation de l'utilisation des ressources. Ce chapitre explore comment les technologies de cryptomonnaie, en particulier la blockchain, peuvent être appliquées à la gestion des ressources naturelles.

1. Blockchain et Traçabilité des Ressources
   - Suivi des Ressources Naturelles: Exploration de l'utilisation de la blockchain pour le suivi transparent et inaltérable des ressources naturelles, de leur extraction à leur consommation.
   - Cas d'Utilisation: Présentation d'exemples concrets où la blockchain a été utilisée pour tracer des ressources comme le bois, l'eau, les minéraux, etc.

2. Amélioration de la Gestion Durable
   - Certification et Normes de Durabilité: Discussion sur l'utilisation de la blockchain pour certifier la conformité aux normes de durabilité dans la gestion des ressources

naturelles.
- Réduction de l'Impact Environnemental: Analyse de la manière dont la blockchain peut aider à réduire l'impact environnemental en optimisant l'utilisation des ressources.

3. Marchés Décentralisés pour les Ressources Naturelles
- Plateformes de Trading Basées sur la Blockchain: Exploration de la création de marchés décentralisés pour le commerce des ressources naturelles, augmentant l'efficacité et la transparence.
- Tokenisation des Ressources Naturelles: Discussion sur la tokenisation des ressources naturelles, permettant une nouvelle forme de commerce et d'investissement.

4. Participation et Engagement Communautaire
- Implication des Communautés Locales: Analyse de l'impact de la blockchain sur l'implication des communautés locales dans la gestion des ressources naturelles.
- Modèles Économiques Inclusifs: Exploration de modèles économiques qui utilisent la blockchain pour assurer une distribution plus équitable des bénéfices tirés des ressources naturelles.

5. Défis et Limites
- Complexité Technique et Accessibilité: Examen des défis techniques et des questions d'accessibilité liés à l'utilisation de la blockchain dans la gestion des ressources naturelles.
- Questions de Gouvernance et de Réglementation: Discussion sur les défis de gouvernance et les besoins en réglementation pour une intégration efficace de la blockchain dans ce domaine.

6. Perspectives Futures et Innovations
- Technologies Émergentes: Réflexions sur l'intégration de technologies émergentes, comme l'IA et l'IoT, avec la blockchain pour une gestion améliorée des ressources naturelles.
- Impact à Long Terme sur la Gestion des Ressources: Exploration de l'impact potentiel à long terme de ces technologies sur la conservation et la gestion durable des

ressources naturelles.

Conclusion

L'intégration de la technologie blockchain dans la gestion des ressources naturelles offre des possibilités prometteuses pour améliorer la traçabilité, la durabilité et l'efficacité. Bien que confrontée à des défis techniques et réglementaires, cette approche innovante a le potentiel de transformer la manière dont les ressources naturelles sont gérées, commercialisées et préservées, en favorisant la transparence, l'équité et la durabilité. Ce chapitre souligne l'importance d'une exploration continue et de l'adoption de ces technologies pour un avenir plus durable.

CHAPITRE 16: BLOCKCHAIN DANS LE SECTEUR DE LA SANTÉ : CONFIDENTIALITÉ ET EFFICACITÉ

Introduction

L'adoption de la technologie blockchain dans le secteur de la santé promet de révolutionner la gestion des données médicales en termes de confidentialité, de sécurité et d'efficacité. Ce chapitre explore les applications potentielles de la blockchain dans la santé et les défis à relever pour son intégration réussie.

1. Enjeux de la Gestion des Données de Santé

- Sensibilité des Données Médicales: Discussion sur la nature sensible des données de santé et l'importance de leur protection.
- Défis Actuels: Analyse des défis actuels en matière de stockage, d'accès et de partage des données de santé.

2. Blockchain pour la Sécurité et la Confidentialité

- Cryptage et Sécurité des Données: Exploration de la manière dont la blockchain peut améliorer la sécurité et la confidentialité des données médicales grâce à son architecture décentralisée et son cryptage robuste.

- Contrôle des Accès et Consentement du Patient: Discussion sur l'utilisation de la blockchain pour gérer les droits d'accès aux données de santé, en donnant aux patients un contrôle accru sur leurs informations.

3. Amélioration de l'Interopérabilité et de l'Accès aux Données
- Échange de Données entre Institutions: Analyse de la capacité de la blockchain à faciliter l'échange sécurisé de données de santé entre différentes institutions et professionnels de santé.
- Dossiers Médicaux Électroniques sur la Blockchain: Exploration de l'utilisation de la blockchain pour créer des dossiers médicaux électroniques universels et facilement accessibles.

4. Applications dans la Recherche et le Suivi des Médicaments
- Recherche Clinique et Essais: Discussion sur l'utilisation de la blockchain pour améliorer la gestion des données dans la recherche clinique, y compris les essais de médicaments.
- Traçabilité des Médicaments: Exploration de l'application de la blockchain pour le suivi de la chaîne d'approvisionnement des médicaments, de la fabrication à la distribution.

5. Défis de l'Implémentation
- Complexité Technique et Intégration: Examen des défis techniques et de l'intégration de la blockchain dans les systèmes de santé existants.
- Questions Réglementaires et de Conformité: Analyse des enjeux réglementaires et de conformité, notamment en ce qui concerne la législation sur la protection des données.

6. Perspectives Futures et Innovations
- Potentiel d'Innovation dans la Santé: Réflexions sur le potentiel d'innovation que la blockchain pourrait apporter au secteur de la santé.
- Technologies Complémentaires: Discussion sur l'intégration de la blockchain avec d'autres technologies, comme l'intelligence artificielle et l'Internet des Objets (IoT), pour améliorer les soins de santé.

Conclusion

L'intégration de la blockchain dans le secteur de la santé offre des possibilités prometteuses pour améliorer la confidentialité, la sécurité et l'efficacité de la gestion des données médicales. Bien que confrontée à des défis techniques et réglementaires, cette technologie a le potentiel de transformer radicalement la manière dont les données de santé sont gérées, bénéficiant à la fois aux professionnels de santé et aux patients. Ce chapitre souligne l'importance de poursuivre le développement et l'adoption de solutions blockchain dans le domaine de la santé pour un avenir plus sûr et plus efficace en matière de gestion des données médicales.

CHAPITRE 17: UTILISATION DES CRYPTOMONNAIES DANS LES ZONES DE CONFLIT ET LES CRISES HUMANITAIRES

Introduction
Dans les zones de conflit et les situations de crise humanitaire, les systèmes financiers traditionnels sont souvent perturbés ou inaccessibles. Les cryptomonnaies, avec leur nature décentralisée, offrent des solutions potentielles uniques. Ce chapitre explore l'utilisation des cryptomonnaies dans ces contextes difficiles, en soulignant à la fois les opportunités et les défis.

1. Contexte des Zones de Conflit et Crises Humanitaires
   - Défis Financiers dans les Zones de Conflit: Examen des problèmes financiers courants dans les zones de conflit, y compris l'instabilité monétaire et l'inaccessibilité des services bancaires.
   - Besoins Humanitaires Urgents: Discussion sur les besoins humanitaires urgents et la difficulté de fournir une aide efficace dans ces régions.

2. Avantages des Cryptomonnaies dans ces Contextes
   - Transferts de Fonds Rapides et Sécurisés:

Exploration de la capacité des cryptomonnaies à faciliter des transferts de fonds rapides et sécurisés, essentiels pour l'aide humanitaire.
- Réduction de la Dépendance aux Infrastructures Locales: Analyse de la manière dont les cryptomonnaies peuvent réduire la dépendance aux infrastructures financières locales, souvent instables ou non fiables dans les zones de conflit.

3. Cas d'Utilisation et Exemples Réels
- Aide Humanitaire Distribuée via Cryptomonnaies: Présentation d'exemples réels où les cryptomonnaies ont été utilisées pour distribuer de l'aide humanitaire.
- Utilisation par les Populations Affectées: Discussion sur l'utilisation des cryptomonnaies par les populations directement affectées par les conflits et les crises.

4. Défis et Limitations
- Accès à la Technologie et à Internet: Examen des défis liés à l'accès limité à la technologie et à Internet, essentiels pour l'utilisation des cryptomonnaies.
- Questions de Sécurité et de Volatilité: Analyse des préoccupations concernant la sécurité des fonds et la volatilité des cryptomonnaies.

5. Rôle des ONG et des Organisations Internationales
- Adoption par les Organisations Humanitaires: Exploration du rôle des ONG et des organisations internationales dans l'adoption des cryptomonnaies pour l'aide humanitaire.
- Formation et Sensibilisation: Discussion sur l'importance de la formation et de la sensibilisation pour faciliter l'utilisation des cryptomonnaies dans ces contextes.

6. Perspectives Futures et Potentiel d'Impact
- Innovations et Développements Futurs: Réflexions sur les innovations futures dans l'utilisation des cryptomonnaies pour l'aide dans les zones de conflit et les crises humanitaires.
- Impact Potentiel sur la Réponse Humanitaire: Exploration de l'impact potentiel à long terme des cryptomonnaies sur

l'amélioration de la réponse humanitaire dans les situations de crise.

Conclusion

Les cryptomonnaies offrent des opportunités uniques pour améliorer la fourniture d'aide dans les zones de conflit et les crises humanitaires, grâce à leur rapidité, leur sécurité et leur nature décentralisée. Toutefois, leur utilisation efficace dans ces contextes exige de surmonter des défis significatifs, notamment en matière d'accès technologique et de sécurité. Ce chapitre souligne le potentiel des cryptomonnaies à transformer la réponse humanitaire dans les situations les plus difficiles, tout en reconnaissant la nécessité d'une approche prudente et bien informée.

CHAPITRE 18: BLOCKCHAIN ET GOUVERNANCE : VOTE ÉLECTRONIQUE ET AU-DELÀ

Introduction
L'intégration de la technologie blockchain dans les processus de gouvernance promet d'apporter transparence, sécurité et efficacité, en particulier dans le domaine du vote électronique. Ce chapitre explore les applications potentielles de la blockchain dans la gouvernance, en mettant l'accent sur le vote électronique, tout en examinant les défis et les implications de cette technologie.

1. Principes de la Blockchain en Gouvernance
- Transparence et Sécurité avec la Blockchain: Introduction aux avantages de la blockchain en termes de transparence et de sécurité des données, essentiels pour la gouvernance.
- Décentralisation dans la Prise de Décision: Discussion sur le rôle de la décentralisation dans la prise de décision et la gouvernance.

2. Vote Électronique Basé sur la Blockchain
- Potentiel du Vote Électronique: Exploration du potentiel du vote électronique pour améliorer la participation et l'accessibilité des processus électoraux.

- Sécurité et Anonymat des Votes: Analyse de la manière dont la blockchain peut sécuriser les votes et préserver l'anonymat des électeurs.

3. Cas d'Utilisation et Projets Pilotes
   - Exemples de Systèmes de Vote Blockchain: Présentation de cas d'utilisation réels et de projets pilotes de systèmes de vote basés sur la blockchain.
   - Retours d'Expérience et Enseignements: Discussion sur les leçons tirées des premières implémentations de vote électronique basé sur la blockchain.

4. Gestion des Identités Numériques
   - Identités Numériques sur la Blockchain: Exploration de l'utilisation de la blockchain pour la gestion des identités numériques, un aspect crucial pour le vote électronique.
   - Protection de la Vie Privée et Conformité Réglementaire: Analyse des défis liés à la protection de la vie privée et à la conformité réglementaire dans la gestion des identités numériques.

5. Défis et Limitations
   - Défis Techniques et Adoption: Examen des défis techniques et des obstacles à l'adoption généralisée du vote électronique basé sur la blockchain.
   - Questions de Sécurité et de Confiance: Discussion sur les préoccupations en matière de sécurité et de confiance dans les systèmes de vote électronique.

6. Implications pour la Démocratie et la Participation Citoyenne
   - Impact sur la Participation Citoyenne: Réflexions sur l'impact potentiel du vote électronique basé sur la blockchain sur la participation citoyenne et l'engagement démocratique.
   - Futur de la Gouvernance Démocratique: Exploration des implications à long terme de l'adoption de la blockchain pour la gouvernance démocratique.

7. Perspectives Futures et Innovations
   - Évolutions Technologiques: Réflexions sur les innovations futures dans le domaine du vote électronique et de la

gouvernance basée sur la blockchain.
- Intégration avec d'Autres Technologies: Discussion sur l'intégration potentielle de la blockchain avec d'autres technologies émergentes pour renforcer la gouvernance.

Conclusion

L'utilisation de la blockchain dans la gouvernance et le vote électronique offre des perspectives prometteuses pour renforcer la sécurité, la transparence et la participation dans les processus démocratiques. Bien que confrontée à des défis techniques et réglementaires, cette technologie a le potentiel de transformer significativement la manière dont les décisions sont prises et la confiance est établie dans les systèmes de gouvernance. Ce chapitre souligne l'importance de poursuivre le développement et l'expérimentation de solutions blockchain dans le domaine de la gouvernance pour un avenir plus inclusif et transparent.

CHAPITRE 19 : CRYPTOMONNAIES ET ART : AU-DELÀ DES NFTS

Introduction
L'intersection entre les cryptomonnaies et le monde de l'art s'étend bien au-delà des jetons non fongibles (NFTs). Ce chapitre explore les diverses manières dont les cryptomonnaies influencent le secteur artistique, en termes de financement, de propriété, de distribution et de conservation des œuvres d'art.

1. Impact des Cryptomonnaies sur le Marché de l'Art
   - Nouvelles Formes de Financement: Exploration des façons dont les cryptomonnaies offrent de nouvelles méthodes de financement pour les artistes et les projets artistiques.
   - Démocratisation de l'Accès à l'Art: Analyse de l'impact des cryptomonnaies sur l'accessibilité et la démocratisation de l'achat et de la collecte d'œuvres d'art.

2. Cryptomonnaies et Modèles Économiques Artistiques
   - Rétribution Directe des Artistes: Discussion sur la manière dont les cryptomonnaies permettent une rétribution directe et transparente des artistes pour leur travail.
   - Modèles de Revenus Innovants: Exploration de nouveaux modèles de revenus pour les artistes et les galeries, facilités par les cryptomonnaies.

3. Au-delà des NFTs : Autres Applications dans l'Art

- Cryptomonnaies pour la Conservation de l'Art: Examen de l'utilisation des cryptomonnaies pour financer la conservation et la restauration d'œuvres d'art.
- Blockchain pour la Provenance et l'Authenticité: Analyse de l'utilisation de la blockchain pour assurer la provenance et l'authenticité des œuvres d'art.

4. Défis et Limitations
- Volatilité des Cryptomonnaies: Discussion sur les défis posés par la volatilité des cryptomonnaies dans le marché de l'art.
- Questions Juridiques et de Droits d'Auteur: Exploration des questions juridiques, notamment en matière de droits d'auteur et de propriété intellectuelle, liées à l'utilisation des cryptomonnaies dans l'art.

5. Cas d'Étude et Exemples Réussis
- Projets Artistiques Financés par Cryptomonnaies: Présentation de cas d'étude où les cryptomonnaies ont joué un rôle clé dans le financement et la réalisation de projets artistiques.
- Galeries et Expositions Innovantes: Exemples de galeries et d'expositions qui intègrent les cryptomonnaies dans leur fonctionnement.

6. Perspectives Futures et Potentiel de Croissance
- Évolution des Tendances Artistiques et Technologiques: Réflexions sur l'évolution future des tendances dans l'intersection de l'art et des cryptomonnaies.
- Impact à Long Terme sur le Secteur Artistique: Exploration de l'impact potentiel à long terme des cryptomonnaies sur le secteur artistique, en termes de création, de distribution et de conservation de l'art.

Conclusion

Les cryptomonnaies offrent des possibilités passionnantes pour transformer le secteur artistique, en offrant de nouvelles avenues pour le financement, la distribution et la vérification de l'art. Au-delà des NFTs, elles ouvrent la voie à des modèles économiques innovants et à une plus grande démocratisation de l'art. Ce chapitre souligne l'importance de naviguer avec prudence face aux défis juridiques et économiques, tout en embrassant les opportunités qu'offrent les cryptomonnaies pour enrichir et diversifier le monde de l'art.

CHAPITRE 20: BLOCKCHAIN ET GESTION DE L'IDENTITÉ NUMÉRIQUE

Introduction
La gestion de l'identité numérique est un enjeu crucial à l'ère du numérique, et la blockchain offre des solutions innovantes pour relever ce défi. Ce chapitre explore comment la technologie blockchain peut révolutionner la gestion de l'identité numérique, en assurant la sécurité, la confidentialité et la fiabilité.

1. Enjeux de l'Identité Numérique
   - Importance de l'Identité Numérique: Introduction à l'importance croissante de l'identité numérique dans divers aspects de la vie quotidienne et en ligne.
   - Défis Actuels: Discussion sur les défis actuels en matière de sécurité, de confidentialité et de gestion des identités numériques.

2. Blockchain pour une Gestion Sécurisée de l'Identité
   - Principes de la Blockchain en Gestion d'Identité: Exploration de la manière dont la blockchain peut offrir une plateforme sécurisée et décentralisée pour la gestion de l'identité numérique.
   - Avantages en termes de Sécurité et de Confidentialité:

Analyse des avantages de la blockchain en termes de protection des données personnelles et de prévention des fraudes d'identité.

3. Applications Pratiques
   - Authentification et Vérification d'Identité: Présentation des applications pratiques de la blockchain pour l'authentification et la vérification d'identité dans divers secteurs, tels que la finance, la santé et le commerce électronique.
   - Gestion des Accès et des Autorisations: Discussion sur l'utilisation de la blockchain pour gérer les accès et les autorisations de manière sécurisée et transparente.

4. Souveraineté des Données et Contrôle Utilisateur
   - Empowerment des Utilisateurs: Exploration de la manière dont la blockchain permet aux utilisateurs de contrôler leurs propres données d'identité.
   - Portabilité des Données: Analyse de la portabilité des données d'identité numérique grâce à la blockchain, facilitant leur utilisation à travers différents services et plateformes.

5. Défis et Limitations
   - Complexité Technique et Adoption: Examen des défis techniques et des obstacles à l'adoption généralisée de la gestion de l'identité basée sur la blockchain.
   - Questions Réglementaires et de Conformité: Discussion sur les enjeux réglementaires et de conformité liés à l'utilisation de la blockchain pour la gestion de l'identité numérique.

6. Perspectives Futures et Innovations
   - Évolutions Technologiques et Tendances: Réflexions sur les évolutions futures de la blockchain dans la gestion de l'identité numérique et les tendances émergentes dans ce domaine.
   - Intégration avec d'Autres Technologies: Exploration de l'intégration potentielle de la blockchain avec d'autres technologies, comme l'intelligence artificielle et l'Internet des Objets (IoT), pour améliorer la gestion de l'identité.

Conclusion

La blockchain présente un potentiel considérable pour transformer la gestion de l'identité numérique, offrant une solution plus sécurisée, privée et contrôlée par l'utilisateur. Bien que confrontée à des défis techniques et réglementaires, cette technologie promet d'apporter des changements significatifs dans la manière dont les identités numériques sont gérées et utilisées à travers divers secteurs. Ce chapitre souligne l'importance de poursuivre le développement et l'innovation dans ce domaine pour réaliser pleinement le potentiel de la blockchain dans la gestion de l'identité numérique.

CHAPITRE 21: IA POUR LA PRÉDICTION DES MARCHÉS DE CRYPTOMONNAIES

Introduction

L'intelligence artificielle (IA) joue un rôle de plus en plus crucial dans l'analyse et la prédiction des marchés de cryptomonnaies. Ce chapitre explore comment l'IA est utilisée pour comprendre et anticiper les mouvements du marché des cryptomonnaies, en soulignant les opportunités et les défis associés à cette technologie.

1. Fondements de l'IA dans la Finance
- Principes de l'IA en Finance: Introduction aux concepts de base de l'IA et de son application dans le domaine financier.
- Histoire de l'IA dans la Prédiction des Marchés: Brève histoire de l'utilisation de l'IA pour la prédiction des marchés financiers et son évolution vers les cryptomonnaies.

2. IA dans l'Analyse des Cryptomonnaies
- Modèles Prédictifs et Algorithmes: Exploration des différents modèles et algorithmes d'IA utilisés pour analyser et prédire les marchés de cryptomonnaies.
- Analyse Technique et Fondamentale: Discussion sur l'application de l'IA à l'analyse technique et fondamentale des cryptomonnaies.

3. Traitement des Données et Apprentissage Automatique

- Gestion des Grandes Données: Analyse de la manière dont l'IA gère et traite les vastes quantités de données générées par les marchés de cryptomonnaies.
- Apprentissage Automatique et Modélisation: Exploration de l'utilisation de l'apprentissage automatique pour développer des modèles prédictifs dans le trading de cryptomonnaies.

4. Applications Pratiques de l'IA
- Trading Algorithmique: Présentation des systèmes de trading algorithmique basés sur l'IA pour les cryptomonnaies.
- Gestion des Risques et Optimisation des Portefeuilles: Discussion sur l'utilisation de l'IA pour la gestion des risques et l'optimisation des portefeuilles de cryptomonnaies.

5. Défis et Limitations
- Volatilité et Prévisibilité: Examen des défis posés par la volatilité inhérente aux marchés de cryptomonnaies et l'impact sur la précision des prédictions de l'IA.
- Questions Éthiques et Réglementaires: Analyse des questions éthiques et réglementaires liées à l'utilisation de l'IA dans le trading de cryptomonnaies.

6. Perspectives Futures et Innovations
- Évolutions Technologiques dans l'IA: Réflexions sur les innovations futures et les tendances émergentes dans l'application de l'IA aux marchés de cryptomonnaies.
- Impact Potentiel sur le Trading de Cryptomonnaies: Exploration de l'impact potentiel à long terme de l'IA sur les stratégies de trading et la dynamique du marché des cryptomonnaies.

Conclusion

L'utilisation de l'IA pour la prédiction des marchés de cryptomonnaies offre des possibilités passionnantes pour les traders et les investisseurs, permettant une analyse plus approfondie et des décisions de trading plus éclairées. Bien que confrontée à des défis en termes de volatilité et de réglementation, l'IA continue d'évoluer et promet de jouer un rôle de plus en plus important dans la stratégie de trading de cryptomonnaies. Ce chapitre souligne l'importance de l'innovation continue et de la prudence dans l'utilisation de l'IA pour naviguer dans les marchés de cryptomonnaies en constante évolution.

CHAPITRE 22: SMART CONTRACTS AUTO-ÉVOLUTIFS GRÂCE À L'IA

Introduction
L'intégration de l'intelligence artificielle (IA) dans les smart contracts ouvre la voie à des contrats intelligents auto-évolutifs, capables de s'adapter et de répondre dynamiquement aux changements de conditions et d'environnements. Ce chapitre explore le potentiel et les implications de cette fusion entre IA et blockchain dans le développement de smart contracts avancés.

1. Fondements des Smart Contracts et de l'IA

- Principes des Smart Contracts: Introduction aux smart contracts, leur fonctionnement et leurs applications actuelles.
- Rôle de l'IA dans les Smart Contracts: Exploration de la manière dont l'IA peut être intégrée dans les smart contracts pour améliorer leur fonctionnalité et leur efficacité.

2. Développement de Smart Contracts Auto-Évolutifs

- Caractéristiques des Smart Contracts Auto-Évolutifs: Description des caractéristiques uniques des smart contracts auto-évolutifs, y compris l'adaptabilité et la prise de décision autonome.
- Technologies d'IA Impliquées: Analyse des technologies d'IA spécifiques utilisées pour développer des smart contracts

auto-évolutifs, telles que l'apprentissage automatique et le traitement du langage naturel.

3. Applications et Cas d'Utilisation
- Gestion Dynamique des Contrats: Présentation des applications pratiques des smart contracts auto-évolutifs, notamment dans la gestion dynamique des contrats en fonction des changements de marché ou de réglementation.
- Automatisation dans Divers Secteurs: Exploration de l'utilisation de ces smart contracts dans divers secteurs, comme la finance, la chaîne d'approvisionnement et l'administration publique.

4. Avantages et Améliorations
- Efficacité et Réduction des Erreurs: Discussion sur la manière dont les smart contracts auto-évolutifs peuvent augmenter l'efficacité et réduire les erreurs humaines.
- Réactivité et Flexibilité: Analyse de la capacité de ces contrats à réagir rapidement et de manière flexible aux conditions changeantes.

5. Défis et Considérations Éthiques
- Complexité et Fiabilité: Examen des défis liés à la complexité accrue des smart contracts auto-évolutifs et à leur fiabilité.
- Questions Éthiques et de Sécurité: Exploration des implications éthiques et des préoccupations de sécurité, notamment en ce qui concerne la prise de décision autonome par l'IA.

6. Perspectives Futures et Impact Potentiel
- Innovations Futures dans l'IA et les Smart Contracts: Réflexions sur les innovations futures et l'évolution des smart contracts auto-évolutifs grâce à l'IA.
- Impact sur le Droit et la Réglementation: Discussion sur l'impact potentiel de ces technologies sur les cadres juridiques et réglementaires.

Conclusion

Les smart contracts auto-évolutifs représentent une avancée significative dans le domaine de la blockchain et de l'IA, offrant des possibilités d'automatisation et d'adaptabilité sans précédent. Bien que prometteurs, ils soulèvent des défis techniques, éthiques et réglementaires qui doivent être soigneusement abordés. Ce chapitre souligne l'importance de l'innovation continue et de la collaboration interdisciplinaire pour exploiter pleinement le potentiel des smart contracts auto-évolutifs, tout en naviguant dans leurs complexités et implications.

CHAPITRE 23: IA ET ANALYSE DES RISQUES DE FRAUDE DANS LES CRYPTOMONNAIES

Introduction
Avec la montée en puissance des cryptomonnaies, les risques de fraude et de malversations financières se sont accrus, nécessitant des solutions sophistiquées pour leur détection et prévention. L'intelligence artificielle (IA) offre des outils puissants pour analyser et atténuer ces risques. Ce chapitre explore l'application de l'IA dans la détection des fraudes dans l'écosystème des cryptomonnaies.

1. Contexte des Fraudes en Cryptomonnaies
   - Nature des Fraudes en Cryptomonnaies: Introduction aux types de fraudes couramment rencontrées dans l'espace des cryptomonnaies, y compris le phishing, le piratage de wallets et les escroqueries de trading.
   - Défis de la Détection de Fraude: Discussion sur les défis uniques posés par l'écosystème des cryptomonnaies pour la détection de fraudes.

2. Rôle de l'IA dans la Détection de Fraude
   - Technologies d'IA pour la Sécurité Financière: Exploration des différentes technologies d'IA utilisées pour détecter les activités frauduleuses, telles que l'apprentissage automatique et l'analyse de données.
   - Modèles Prédictifs et Reconnaissance des Modèles:

Analyse de la manière dont l'IA peut identifier les modèles de transactions suspectes et prédire les risques potentiels de fraude.

3. Systèmes de Surveillance et d'Alerte
   - Surveillance en Temps Réel: Présentation des systèmes de surveillance en temps réel basés sur l'IA pour surveiller les transactions et les activités sur les plateformes d'échange de cryptomonnaies.
   - Mécanismes d'Alerte et de Réponse: Discussion sur les mécanismes d'alerte automatique et les protocoles de réponse en cas de détection d'activités suspectes.

4. Analyse Comportementale et Profilage
   - Profilage des Utilisateurs et des Transactions: Exploration de l'utilisation de l'IA pour profiler les comportements des utilisateurs et identifier les écarts par rapport aux modèles normaux.
   - Prévention des Fraudes Basée sur le Comportement: Analyse de la manière dont l'analyse comportementale peut aider à prévenir les fraudes en identifiant les comportements suspects.

5. Défis et Limitations de l'IA
   - Faux Positifs et Précision des Modèles: Examen des défis liés aux faux positifs et à la nécessité d'équilibrer la sensibilité et la spécificité des modèles d'IA.
   - Questions Éthiques et de Confidentialité: Discussion sur les implications éthiques et les questions de confidentialité liées à l'utilisation de l'IA pour la surveillance et l'analyse des transactions.

6. Perspectives Futures et Évolutions
   - Améliorations Technologiques et Innovations: Réflexions sur les améliorations futures et les innovations dans l'application de l'IA à la détection de fraudes en cryptomonnaies.
   - Collaboration Réglementaire et Industrielle: Exploration de l'importance de la collaboration entre les régulateurs, les entreprises de cryptomonnaies et les développeurs d'IA pour

une approche efficace de la prévention des fraudes.

Conclusion

L'utilisation de l'IA pour analyser et atténuer les risques de fraude dans les cryptomonnaies est un domaine en pleine expansion, offrant des solutions prometteuses pour sécuriser les actifs numériques. Bien que confrontée à des défis techniques et éthiques, l'IA représente un outil indispensable pour naviguer dans le paysage complexe et en évolution rapide des fraudes en cryptomonnaies. Ce chapitre souligne l'importance de l'innovation continue et de la collaboration stratégique pour renforcer la sécurité dans l'écosystème des cryptomonnaies.

CHAPITRE 24: DÉVELOPPEMENT DE CRYPTOMONNAIES GÉRÉES PAR IA

Introduction
L'intégration de l'intelligence artificielle (IA) dans la gestion et le fonctionnement des cryptomonnaies représente une avancée significative dans le domaine de la finance numérique. Ce chapitre explore les possibilités et les défis associés au développement de cryptomonnaies gérées par IA, en se concentrant sur leur potentiel pour révolutionner le marché des cryptomonnaies.
1. Fondements de l'IA dans la Gestion des Cryptomonnaies
   - Rôle de l'IA dans la Finance Numérique: Introduction à l'importance croissante de l'IA dans le secteur financier, en particulier dans la gestion des actifs numériques.
   - Applications Potentielles de l'IA dans les Cryptomonnaies: Exploration des différentes manières dont l'IA peut être intégrée dans la gestion des cryptomonnaies.
2. Cryptomonnaies Gérées par IA
   - Automatisation des Décisions de Trading: Analyse de la capacité de l'IA à automatiser les décisions de trading, en optimisant les stratégies d'achat et de vente.
   - Gestion Dynamique de Portefeuille: Discussion sur l'utilisation de l'IA pour la gestion dynamique de portefeuille, en ajustant les investissements en fonction des conditions changeantes du marché.

3. Algorithmes d'IA et Analyse de Marché
- Modèles Prédictifs: Présentation des modèles prédictifs basés sur l'IA pour anticiper les tendances du marché des cryptomonnaies.
- Analyse des Données de Marché: Exploration de l'utilisation de l'IA pour analyser de grandes quantités de données de marché, y compris les signaux sociaux et économiques.

4. Sécurité et Régulation
- Détection des Fraudes et des Anomalies: Examen de la capacité de l'IA à détecter les activités frauduleuses et les anomalies dans les transactions de cryptomonnaies.
- Conformité Réglementaire: Discussion sur l'utilisation de l'IA pour assurer la conformité avec les réglementations financières et les lois sur les cryptomonnaies.

5. Défis et Limitations
- Complexité Technique et Fiabilité: Analyse des défis techniques associés au développement de cryptomonnaies gérées par IA, y compris les questions de fiabilité et de précision des prédictions.
- Questions Éthiques et de Transparence: Exploration des préoccupations éthiques et de transparence liées à l'utilisation de l'IA dans la gestion des cryptomonnaies.

6. Perspectives Futures et Innovations
- Évolutions Technologiques dans l'IA et les Cryptomonnaies: Réflexions sur les innovations futures et les tendances émergentes dans l'intersection de l'IA et des cryptomonnaies.
- Impact Potentiel sur le Marché des Cryptomonnaies: Exploration de l'impact potentiel à long terme des cryptomonnaies gérées par IA sur le marché global des cryptomonnaies.

Conclusion

Le développement de cryptomonnaies gérées par IA représente une frontière passionnante dans le domaine de la finance numérique, offrant des possibilités d'automatisation, d'efficacité et de sécurité accrues. Bien que confrontées à des défis techniques et éthiques, ces innovations promettent de transformer la manière dont les marchés de cryptomonnaies fonctionnent et sont gérés. Ce chapitre souligne l'importance de l'innovation continue et de la collaboration interdisciplinaire pour exploiter pleinement le potentiel des cryptomonnaies gérées par IA.

CHAPITRE 25: IA ET OPTIMISATION DES RÉSEAUX BLOCKCHAIN

Introduction
L'intégration de l'intelligence artificielle (IA) dans les réseaux blockchain offre des opportunités pour améliorer leur efficacité, leur sécurité et leur scalabilité. Ce chapitre explore comment l'IA peut être utilisée pour optimiser les réseaux blockchain, en se concentrant sur les innovations et les défis associés à cette intégration.

1. Synergie entre IA et Blockchain
   - Complémentarité de l'IA et de la Blockchain: Introduction aux avantages de combiner l'IA avec la technologie blockchain, en mettant l'accent sur leurs forces complémentaires.
   - Applications Potentielles de l'IA dans la Blockchain: Exploration des différentes manières dont l'IA peut être intégrée dans les réseaux blockchain pour améliorer leurs performances.

2. Optimisation de la Performance des Réseaux
   - Amélioration de l'Efficacité des Transactions: Analyse de la manière dont l'IA peut optimiser le traitement et la validation des transactions sur la blockchain.
   - Gestion des Ressources et Allocation: Discussion sur l'utilisation de l'IA pour une gestion plus efficace des ressources au sein des réseaux blockchain, y compris la répartition de la puissance de calcul.

3. Sécurité Renforcée par l'IA
- Détection des Menaces et Anomalies: Présentation des systèmes basés sur l'IA pour la détection précoce des menaces et des comportements anormaux dans les réseaux blockchain.
- Réponses Automatisées aux Incidents de Sécurité: Exploration de l'utilisation de l'IA pour automatiser les réponses aux incidents de sécurité, améliorant ainsi la résilience du réseau.

4. Scalabilité et Gestion des Données
- Optimisation de la Scalabilité: Analyse des stratégies d'IA pour améliorer la scalabilité des réseaux blockchain, en traitant les goulots d'étranglement et en optimisant les protocoles de consensus.
- Gestion Intelligente des Données: Discussion sur l'utilisation de l'IA pour une gestion plus efficace des données stockées sur la blockchain, y compris la compression et l'archivage des données.

5. Défis et Limitations
- Complexité et Coûts de Mise en Œuvre: Examen des défis liés à l'intégration de l'IA dans les réseaux blockchain, y compris la complexité technique et les coûts associés.
- Questions Éthiques et de Confidentialité: Exploration des préoccupations éthiques et des questions de confidentialité liées à l'utilisation de l'IA dans la gestion des réseaux blockchain.

6. Perspectives Futures et Innovations
- Évolutions Technologiques et Tendances: Réflexions sur les innovations futures et les tendances émergentes dans l'intégration de l'IA dans les réseaux blockchain.
- Impact Potentiel sur l'Écosystème Blockchain: Exploration de l'impact potentiel à long terme de l'optimisation des réseaux blockchain par l'IA sur l'ensemble de l'écosystème blockchain.

Conclusion

L'intégration de l'IA dans les réseaux blockchain représente une avancée prometteuse pour améliorer leur efficacité, leur sécurité et leur scalabilité. Bien que confrontée à des défis techniques et éthiques, cette combinaison offre des possibilités d'innovation et d'amélioration significatives pour l'avenir des technologies blockchain. Ce chapitre souligne l'importance de l'exploration continue et de l'adoption prudente de l'IA dans les réseaux blockchain pour réaliser pleinement son potentiel.

CHAPITRE 26: CRYPTOMONNAIES DANS L'ESPACE : FINANCEMENT ET LOGISTIQUE DES MISSIONS SPATIALES

Introduction
L'exploration spatiale entre dans une nouvelle ère avec l'intégration des cryptomonnaies, offrant des solutions innovantes pour le financement et la logistique des missions spatiales. Ce chapitre examine comment les cryptomonnaies et la technologie blockchain peuvent transformer le secteur spatial, en se concentrant sur les opportunités et les défis associés.

1. Contexte de l'Exploration Spatiale et des Cryptomonnaies
- Évolution de l'Exploration Spatiale: Brève histoire de l'exploration spatiale et de son financement.
- Introduction des Cryptomonnaies dans l'Espace: Exploration de l'entrée des cryptomonnaies dans le domaine spatial et de leur potentiel disruptif.

2. Financement des Missions Spatiales par Cryptomonnaies
- Crowdfunding et Investissements: Analyse de l'utilisation des cryptomonnaies pour le crowdfunding et les investissements dans les projets spatiaux.

- Tokenisation des Projets Spatiaux: Discussion sur la tokenisation des actifs spatiaux et des missions pour faciliter le financement.

3. Blockchain pour la Logistique Spatiale
   - Gestion de la Chaîne d'Approvisionnement: Exploration de l'utilisation de la blockchain pour la gestion de la chaîne d'approvisionnement dans les missions spatiales, de la fabrication à la mise en orbite.
   - Suivi et Sécurité des Actifs: Analyse de l'application de la blockchain pour le suivi sécurisé des équipements et des technologies spatiales.

4. Cryptomonnaies et Économie Spatiale
   - Transactions et Échanges dans l'Espace: Discussion sur le rôle potentiel des cryptomonnaies dans les transactions et les échanges économiques dans l'espace.
   - Développement d'une Économie Spatiale Durable: Exploration des implications des cryptomonnaies pour le développement d'une économie spatiale durable et autonome.

5. Défis et Limitations
   - Défis Techniques et Réglementaires: Examen des défis techniques et réglementaires liés à l'utilisation des cryptomonnaies et de la blockchain dans l'espace.
   - Questions de Sécurité et de Volatilité: Analyse des préoccupations en matière de sécurité des transactions et de la volatilité des cryptomonnaies dans le contexte spatial.

6. Perspectives Futures et Innovations
   - Innovations Technologiques et Collaboration: Réflexions sur les innovations futures dans l'utilisation des cryptomonnaies et de la blockchain pour l'exploration spatiale.
   - Partenariats Public-Privé et Coopération Internationale: Discussion sur l'importance des partenariats public-privé et de la coopération internationale pour intégrer les cryptomonnaies dans l'économie spatiale.

Conclusion

L'intégration des cryptomonnaies dans l'exploration spatiale ouvre des horizons nouveaux pour le financement et la gestion des missions spatiales. En offrant des solutions innovantes pour les défis économiques et logistiques, les cryptomonnaies ont le potentiel de jouer un rôle clé dans la future économie spatiale. Ce chapitre souligne l'importance de l'innovation continue et de la collaboration intersectorielle pour exploiter pleinement le potentiel des cryptomonnaies dans l'avancement de l'exploration spatiale.

CHAPITRE 27: BLOCKCHAIN ET INTERNET DES OBJETS (IOT) : CRÉATION D'ÉCONOMIES AUTONOMES

Introduction

L'intersection de la blockchain et de l'Internet des Objets (IoT) représente une avancée majeure vers la création d'économies autonomes. Ce chapitre explore comment la combinaison de ces deux technologies peut transformer les interactions entre les appareils connectés et automatiser les processus économiques.

1. Fondements de l'IoT et de la Blockchain
- Principes de l'IoT: Introduction aux concepts de base de l'Internet des Objets et de son rôle dans la connectivité moderne.
- Blockchain dans l'IoT: Exploration de l'application de la blockchain dans l'IoT pour sécuriser les données et les transactions entre appareils.

2. Création d'Économies Autonomes
- Automatisation des Transactions: Analyse de la manière dont la blockchain peut automatiser les transactions et les interactions entre les appareils IoT.

- Économies Autonomes Basées sur l'IoT: Discussion sur la création d'économies autonomes où les appareils IoT interagissent et effectuent des transactions indépendamment.

3. Sécurité et Gestion des Données
   - Sécurité Renforcée par la Blockchain: Exploration de l'utilisation de la blockchain pour renforcer la sécurité des réseaux IoT et protéger contre les cyberattaques.
   - Gestion Transparente des Données: Analyse de la capacité de la blockchain à offrir une gestion transparente et décentralisée des données générées par les appareils IoT.

4. Cas d'Utilisation et Applications Pratiques
   - Smart Cities et Gestion de l'Énergie: Présentation des applications de la combinaison blockchain-IoT dans les smart cities, notamment pour la gestion intelligente de l'énergie.
   - Supply Chain et Logistique: Discussion sur l'application de cette technologie dans la chaîne d'approvisionnement pour améliorer la traçabilité et l'efficacité.

5. Défis et Limitations
   - Complexité Technique et Intégration: Examen des défis techniques liés à l'intégration de la blockchain avec l'IoT.
   - Scalabilité et Gestion des Ressources: Analyse des problèmes de scalabilité et de gestion des ressources dans les réseaux IoT étendus.

6. Perspectives Futures et Innovations
   - Évolutions Technologiques: Réflexions sur les innovations futures dans l'intégration de la blockchain et de l'IoT.
   - Impact Potentiel sur les Industries et la Société: Exploration de l'impact potentiel de ces technologies sur diverses industries et sur la société dans son ensemble.

Conclusion

La fusion de la blockchain et de l'IoT ouvre la voie à des économies autonomes et intelligentes, où les appareils connectés peuvent interagir et effectuer des transactions de manière sécurisée et efficace. Bien que confrontée à des défis techniques et de scalabilité, cette combinaison promet de transformer de nombreux secteurs en automatisant les processus et en améliorant la sécurité et la transparence des données. Ce chapitre met en lumière l'importance de l'innovation continue et de la collaboration intersectorielle pour exploiter pleinement le potentiel de la blockchain et de l'IoT dans la création d'économies autonomes.

CHAPITRE 28: CRYPTOMONNAIES ET ÉCONOMIE QUANTIQUE : PRÉPARATION AU FUTUR

Introduction
L'avènement de la technologie quantique présente à la fois des opportunités et des défis pour le monde des cryptomonnaies. Ce chapitre explore l'impact potentiel de l'informatique quantique sur les cryptomonnaies et comment le secteur se prépare pour cette nouvelle ère technologique.

1. Fondements de l'Informatique Quantique
- Principes de l'Informatique Quantique: Introduction aux concepts de base de l'informatique quantique, y compris la superposition et l'intrication quantique.
- Évolution et État Actuel de la Technologie Quantique: Aperçu de l'évolution de l'informatique quantique et de son état actuel.

2. Impact de l'Informatique Quantique sur les Cryptomonnaies
- Menaces pour la Sécurité Cryptographique: Analyse des menaces que l'informatique quantique pose pour la sécurité cryptographique actuelle, en particulier pour les

algorithmes de cryptographie sur lesquels reposent de nombreuses cryptomonnaies.
- Défis pour la Blockchain et les Cryptomonnaies: Discussion sur les défis spécifiques que l'informatique quantique présente pour la blockchain et les cryptomonnaies.

3. Préparation et Adaptation au Quantique
- Cryptographie Post-Quantique: Exploration des développements en cryptographie post-quantique conçus pour résister aux attaques informatiques quantiques.
- Mise à Jour des Protocoles Blockchain: Analyse des stratégies pour mettre à jour les protocoles blockchain afin de les rendre résistants aux menaces quantiques.

4. Opportunités Offertes par l'Informatique Quantique
- Amélioration des Capacités de Calcul: Discussion sur la manière dont l'informatique quantique pourrait améliorer les capacités de calcul pour les transactions et les contrats intelligents.
- Innovations dans les Finances et Au-delà: Exploration des innovations potentielles que l'informatique quantique pourrait apporter dans les domaines financier et technologique.

5. Défis et Limitations
- Complexité et Coûts de l'Informatique Quantique: Examen des défis liés à la complexité et aux coûts élevés de l'informatique quantique.
- Questions Éthiques et de Sécurité: Analyse des questions éthiques et des préoccupations de sécurité liées à l'adoption de l'informatique quantique.

6. Perspectives Futures et Préparation
- Évolution de l'Informatique Quantique: Réflexions sur l'évolution future de l'informatique quantique et son intégration progressive dans le secteur des cryptomonnaies.
- Stratégies de Préparation pour l'Ère Quantique: Discussion sur les stratégies que les acteurs du secteur des cryptomonnaies peuvent adopter pour se préparer à l'ère de

l'informatique quantique.

Conclusion

L'informatique quantique représente un tournant pour le secteur des cryptomonnaies, offrant à la fois des défis en termes de sécurité et des opportunités d'innovation. La préparation à cette nouvelle ère technologique est essentielle pour garantir la sécurité, la viabilité et l'efficacité des cryptomonnaies à l'avenir. Ce chapitre souligne l'importance de l'adaptation proactive et de l'innovation continue pour naviguer dans le paysage changeant de la finance numérique à l'ère quantique.

CHAPITRE 29: EXPLORATION DES CRYPTOMONNAIES DANS LES MONDES VIRTUELS ET MÉTAVERS

Introduction
L'émergence des mondes virtuels et du métavers crée de nouvelles frontières pour l'utilisation des cryptomonnaies. Ce chapitre examine comment les cryptomonnaies sont intégrées dans ces espaces numériques, en mettant l'accent sur leur rôle dans les transactions, la propriété numérique et l'économie virtuelle.

1. Les Mondes Virtuels et le Métavers
- Définition et Évolution du Métavers: Introduction aux concepts des mondes virtuels et du métavers, et à leur évolution rapide.
- Importance Économique des Mondes Virtuels: Discussion sur l'importance croissante des mondes virtuels et du métavers dans l'économie numérique.

2. Cryptomonnaies dans le Métavers
- Rôle des Cryptomonnaies: Analyse du rôle des cryptomonnaies dans les transactions au sein des mondes virtuels, y compris l'achat de biens virtuels et de services.

- Intégration des Cryptomonnaies: Exploration de la manière dont les cryptomonnaies sont intégrées dans les plateformes de métavers pour faciliter les échanges économiques.

3. Propriété Numérique et NFTs
- NFTs dans le Métavers: Discussion sur l'utilisation des jetons non fongibles (NFTs) pour représenter la propriété de biens numériques uniques dans les mondes virtuels.
- Marchés de NFTs et Économie Virtuelle: Analyse des marchés de NFTs dans le métavers et de leur impact sur l'économie virtuelle.

4. Développement d'Économies Virtuelles
- Création d'Économies Autonomes: Exploration de la création d'économies autonomes au sein des mondes virtuels, soutenues par les cryptomonnaies.
- Défis et Opportunités Économiques: Discussion sur les défis et opportunités associés au développement d'économies virtuelles basées sur les cryptomonnaies.

5. Défis de Sécurité et Réglementaires
- Sécurité des Transactions: Examen des défis de sécurité liés à l'utilisation des cryptomonnaies dans les mondes virtuels.
- Questions Réglementaires: Analyse des questions réglementaires et juridiques émergentes concernant les transactions en cryptomonnaies dans le métavers.

6. Perspectives Futures et Innovations
- Évolutions Technologiques et Tendances: Réflexions sur les évolutions futures des mondes virtuels et du métavers, et l'intégration continue des cryptomonnaies.
- Impact sur les Industries et la Société: Exploration de l'impact potentiel des mondes virtuels et des cryptomonnaies sur diverses industries et sur la société dans son ensemble.

Conclusion

L'intégration des cryptomonnaies dans les mondes virtuels et le métavers représente une évolution passionnante dans le domaine de l'économie numérique. Elle offre des possibilités uniques pour la propriété numérique, le commerce et la création d'économies virtuelles autonomes. Ce chapitre souligne l'importance de naviguer avec prudence face aux défis de sécurité et réglementaires, tout en embrassant les opportunités qu'offrent les cryptomonnaies pour enrichir et diversifier les expériences dans les mondes virtuels.

CHAPITRE 30: PROSPECTIVE : CRYPTOMONNAIES DANS 50 ANS

Introduction
Envisager l'avenir des cryptomonnaies sur un horizon de 50 ans implique d'explorer des scénarios futuristes, marqués par des avancées technologiques, des changements économiques et des évolutions sociétales. Ce chapitre se penche sur les projections possibles pour les cryptomonnaies, en tenant compte des tendances actuelles et des innovations potentielles.

1. Évolution Technologique et Adoption
   - Innovations Futures: Exploration des avancées technologiques possibles dans le domaine des cryptomonnaies, y compris l'informatique quantique et l'IA.
   - Adoption Généralisée: Discussion sur le scénario d'une adoption généralisée des cryptomonnaies, influençant les systèmes financiers mondiaux et les transactions quotidiennes.

2. Intégration dans l'Économie Globale
   - Cryptomonnaies et Systèmes Financiers: Analyse de l'intégration potentielle des cryptomonnaies dans les systèmes financiers traditionnels et leur impact sur la politique monétaire globale.
   - Rôle dans le Commerce International: Exploration du

rôle des cryptomonnaies dans le commerce international, la facilitation des échanges et l'impact sur les économies émergentes.

3. Innovations dans les Modèles de Gouvernance
   - Gouvernance Décentralisée: Discussion sur l'évolution vers des modèles de gouvernance plus décentralisés, facilités par la blockchain et les cryptomonnaies.
   - Cryptomonnaies et Politiques Publiques: Analyse de l'impact des cryptomonnaies sur les politiques publiques, y compris la fiscalité et la réglementation.

4. Impact Sociétal et Culturel
   - Changement des Normes Sociales: Exploration de l'impact des cryptomonnaies sur les normes sociales et culturelles, y compris la perception de la valeur et de la propriété.
   - Inclusion Financière et Changement Social: Discussion sur le potentiel des cryptomonnaies pour favoriser l'inclusion financière et impulser des changements sociaux.

5. Défis et Risques Futurs
   - Sécurité et Stabilité: Examen des défis futurs liés à la sécurité et à la stabilité des cryptomonnaies, en tenant compte des avancées technologiques.
   - Questions Éthiques et Environnementales: Analyse des préoccupations éthiques et environnementales persistantes liées à l'utilisation des cryptomonnaies.

6. Scénarios Futuristes
   - Cryptomonnaies et Technologies Émergentes: Réflexions sur l'interaction des cryptomonnaies avec d'autres technologies émergentes, comme l'IoT et le métavers.
   - Vision à Long Terme: Exploration de scénarios futuristes où les cryptomonnaies pourraient transformer radicalement les aspects de la vie quotidienne, de l'économie et de la gouvernance.

Conclusion

Envisager l'avenir des cryptomonnaies sur un demi-siècle ouvre un champ de possibilités fascinantes, marquées par des avancées technologiques, des changements économiques profonds et des impacts sociétaux significatifs. Bien que l'avenir exact reste incertain, il est clair que les cryptomonnaies ont le potentiel de jouer un rôle majeur dans la formation de notre monde futur. Ce chapitre invite à une réflexion sur les opportunités, les défis et les responsabilités qui accompagnent cette évolution continue.

Exploration de pistes de reflexion

CHAPITRE 31: ASPECTS LÉGAUX ET RÉGLEMENTAIRES DES CRYPTOMONNAIES

Introduction
La montée en puissance des cryptomonnaies a suscité une attention accrue de la part des régulateurs et des législateurs du monde entier. Ce chapitre explore les aspects légaux et réglementaires des cryptomonnaies, en se concentrant sur les défis et les évolutions dans ce domaine.

1. Panorama Réglementaire Global
   - Diversité des Cadres Réglementaires: Introduction à la diversité des approches réglementaires adoptées par différents pays envers les cryptomonnaies.
   - Tendances Réglementaires Internationales: Analyse des tendances réglementaires internationales, y compris les initiatives de réglementation coordonnée.

2. Réglementation des Échanges de Cryptomonnaies
   - Licences et Conformité: Discussion sur les exigences en matière de licences et de conformité pour les plateformes d'échange de cryptomonnaies.
   - Mesures Anti-Blanchiment d'Argent (AML) et KYC: Exploration des réglementations AML (Anti-Money Laundering) et KYC (Know Your Customer) appliquées aux échanges de cryptomonnaies.

3. Fiscalité des Cryptomonnaies
- Imposition des Cryptomonnaies: Analyse des politiques fiscales concernant les cryptomonnaies dans différents pays.
- Déclaration et Conformité Fiscale: Discussion sur les défis et les obligations liés à la déclaration des transactions en cryptomonnaies aux autorités fiscales.

4. Réglementation des ICOs et des Tokens
- Cadre Juridique des ICOs: Exploration des aspects légaux des Initial Coin Offerings (ICOs) et de leur réglementation.
- Classification des Tokens: Analyse des différentes classifications des tokens (utility, security, etc.) et de leurs implications réglementaires.

5. Cryptomonnaies et Institutions Financières
- Intégration dans le Système Financier Traditionnel: Discussion sur l'intégration des cryptomonnaies dans le système financier traditionnel et les défis réglementaires associés.
- Normes de Réglementation Financière: Analyse de l'application des normes de réglementation financière existantes aux cryptomonnaies.

6. Défis Juridiques et Réglementaires
- Équilibre entre Innovation et Régulation: Examen des défis pour équilibrer la promotion de l'innovation et la protection des investisseurs.
- Questions de Juridiction et de Législation Transfrontalière: Exploration des complexités juridictionnelles et des questions de législation transfrontalière liées aux cryptomonnaies.

7. Perspectives Futures et Évolutions Réglementaires
- Évolutions Réglementaires Futures: Réflexions sur les évolutions réglementaires futures et leur impact potentiel sur l'écosystème des cryptomonnaies.
- Dialogue entre Parties Prenantes: Discussion sur l'importance du dialogue entre les régulateurs, les entreprises de cryptomonnaies et les utilisateurs pour

façonner un cadre réglementaire efficace.

Conclusion

Les aspects légaux et réglementaires des cryptomonnaies représentent un domaine complexe et en constante évolution, nécessitant une attention continue de la part des acteurs du marché, des régulateurs et des législateurs. Alors que le paysage des cryptomonnaies continue de mûrir, une approche équilibrée et informée est essentielle pour assurer la sécurité, la transparence et la stabilité de cet écosystème en pleine expansion. Ce chapitre souligne l'importance d'une réglementation réfléchie qui soutient l'innovation tout en protégeant les intérêts des utilisateurs et du système financier global.

CHAPITRE 32: IMPACT DES CRYPTOMONNAIES SUR LES BANQUES TRADITIONNELLES ET LE SYSTÈME FINANCIER

Introduction
L'émergence des cryptomonnaies représente un défi et une opportunité pour les banques traditionnelles et le système financier global. Ce chapitre explore l'impact des cryptomonnaies sur ces institutions, en analysant les changements qu'elles apportent et les réponses possibles du secteur bancaire.

1. Disruption du Modèle Bancaire Traditionnel
   - Décentralisation des Finances: Discussion sur la manière dont la nature décentralisée des cryptomonnaies remet en question le modèle centralisé des banques traditionnelles.
   - Réduction des Frais de Transaction: Analyse de l'impact des cryptomonnaies sur la réduction des frais de transaction, un domaine traditionnellement lucratif pour les banques.

2. Cryptomonnaies et Services Bancaires
   - Nouveaux Services et Produits: Exploration des

nouveaux services et produits que les banques pourraient offrir pour intégrer les cryptomonnaies, tels que les comptes de cryptomonnaies et les services de conseil.
- Adoption de la Technologie Blockchain: Analyse de l'adoption de la technologie blockchain par les banques pour améliorer l'efficacité et la sécurité des transactions.

3. Impact sur les Paiements et les Transferts Internationaux
- Simplification des Paiements Internationaux: Discussion sur la manière dont les cryptomonnaies peuvent simplifier et accélérer les paiements internationaux.
- Concurrence avec les Systèmes de Paiement Établis: Analyse de l'impact des cryptomonnaies sur les systèmes de paiement établis et leur potentiel à les remplacer ou à les compléter.

4. Réponses Réglementaires et Adaptation
- Réponses Réglementaires des Banques Centrales: Exploration des réponses réglementaires des banques centrales aux cryptomonnaies, y compris le développement de monnaies numériques de banque centrale (CBDC).
- Adaptation des Banques Traditionnelles: Discussion sur les stratégies d'adaptation des banques traditionnelles face à la montée des cryptomonnaies.

5. Défis de Sécurité et de Conformité
- Gestion des Risques de Sécurité: Examen des défis de sécurité associés à l'intégration des cryptomonnaies dans les services bancaires.
- Conformité et Lutte contre le Blanchiment d'Argent: Analyse des enjeux de conformité, notamment en matière de lutte contre le blanchiment d'argent et de financement du terrorisme.

6. Perspectives Futures et Évolutions du Secteur
- Évolution du Paysage Bancaire: Réflexions sur l'évolution future du paysage bancaire à l'ère des cryptomonnaies.
- Innovations et Collaborations: Exploration des innovations potentielles et des opportunités de collaboration entre les banques traditionnelles et les entreprises de

cryptomonnaies.

Conclusion

Les cryptomonnaies représentent à la fois un défi et une opportunité pour le système financier traditionnel. Alors que ces monnaies numériques gagnent en popularité et en acceptation, les banques et les institutions financières sont appelées à s'adapter, à innover et à repenser leurs modèles d'affaires. Ce chapitre souligne l'importance pour le secteur bancaire de rester agile et réceptif aux évolutions technologiques pour rester pertinent dans un avenir financier de plus en plus dominé par les cryptomonnaies.

CHAPITRE 33: ÉDUCATION ET SENSIBILISATION AUX CRYPTOMONNAIES

Introduction

Alors que les cryptomonnaies gagnent en popularité, l'éducation et la sensibilisation deviennent cruciales pour assurer une compréhension et une utilisation appropriées de cette technologie. Ce chapitre aborde l'importance de l'éducation et de la sensibilisation dans le domaine des cryptomonnaies, en mettant l'accent sur les stratégies pour améliorer la connaissance du grand public et des investisseurs.

1. Importance de l'Éducation sur les Cryptomonnaies
   - Compréhension de Base des Cryptomonnaies: Discussion sur l'importance d'une compréhension de base des cryptomonnaies pour le grand public.
   - Démystification de la Technologie Blockchain: Analyse de la nécessité de démystifier la technologie blockchain et son fonctionnement.

2. Programmes d'Éducation et Initiatives
   - Initiatives Éducatives: Présentation des initiatives éducatives existantes, y compris les cours en ligne, les ateliers et les séminaires.
   - Rôle des Institutions Éducatives: Exploration du rôle des écoles, universités et autres institutions éducatives dans la

fourniture d'une éducation formelle sur les cryptomonnaies.

3. Sensibilisation aux Risques et à la Sécurité
- Risques d'Investissement: Discussion sur la sensibilisation aux risques associés à l'investissement dans les cryptomonnaies.
- Sécurité des Cryptomonnaies: Analyse des meilleures pratiques en matière de sécurité pour la gestion des portefeuilles de cryptomonnaies et la protection contre les fraudes.

4. Éducation pour la Réglementation et la Conformité
- Connaissance des Cadres Réglementaires: Exploration de l'importance de comprendre les cadres réglementaires et les obligations fiscales liées aux cryptomonnaies.
- Formation pour les Professionnels: Discussion sur la formation spécifique pour les professionnels, y compris les conseillers financiers, les comptables et les avocats.

5. Défis dans l'Éducation aux Cryptomonnaies
- Complexité Technique: Examen des défis posés par la complexité technique des cryptomonnaies et comment les simplifier pour une meilleure compréhension.
- Évolution Rapide du Domaine: Analyse de la difficulté de maintenir les programmes éducatifs à jour avec l'évolution rapide du domaine des cryptomonnaies.

6. Perspectives Futures et Développement de Ressources
- Ressources Éducatives Innovantes: Réflexions sur le développement de ressources éducatives innovantes, y compris l'utilisation de la réalité augmentée et virtuelle.
- Importance de l'Éducation Continue: Discussion sur l'importance de l'éducation continue pour rester informé des dernières évolutions et innovations dans le domaine des cryptomonnaies.

Conclusion

L'éducation et la sensibilisation jouent un rôle crucial dans l'adoption et l'utilisation sécurisée des cryptomonnaies. En fournissant des ressources éducatives accessibles et en sensibilisant le public aux risques, aux avantages et aux meilleures pratiques, il est possible de créer une base solide pour l'avenir des cryptomonnaies. Ce chapitre souligne l'importance d'une approche proactive et inclusive en matière d'éducation pour permettre à un public plus large de participer en toute sécurité à l'économie des cryptomonnaies.

CHAPITRE 34: CRYPTOMONNAIES ET INCLUSION FINANCIÈRE

Introduction
L'inclusion financière, qui vise à rendre les services financiers accessibles à tous les segments de la société, est un objectif clé dans le développement économique mondial. Les cryptomonnaies, avec leur nature décentralisée et accessible, offrent des opportunités uniques pour promouvoir l'inclusion financière. Ce chapitre explore le rôle des cryptomonnaies dans l'amélioration de l'accès aux services financiers, en particulier pour les populations non bancarisées ou sous-bancarisées.

1. Défis de l'Inclusion Financière
   - Barrières à l'Accès Financier: Discussion sur les obstacles traditionnels à l'accès aux services financiers, tels que les coûts élevés, l'infrastructure limitée et les exigences réglementaires.
   - Impact sur les Populations Sous-Bancarisées: Analyse de l'impact de l'exclusion financière sur les populations sous-bancarisées, en particulier dans les régions en développement.

2. Potentiel des Cryptomonnaies pour l'Inclusion Financière
   - Accès Facilité aux Services Financiers: Exploration de la manière dont les cryptomonnaies peuvent offrir un accès

facile et peu coûteux aux services financiers.
- Transactions Transfrontalières Simplifiées: Analyse de l'impact des cryptomonnaies sur la simplification des transactions transfrontalières, en réduisant les coûts et les délais.

3. Cas d'Utilisation et Exemples Réels
- Exemples de Projets d'Inclusion Financière: Présentation de cas d'utilisation réels où les cryptomonnaies ont été utilisées pour promouvoir l'inclusion financière.
- Programmes Pilotes et Initiatives: Discussion sur divers programmes pilotes et initiatives visant à utiliser les cryptomonnaies pour l'inclusion financière dans différentes régions.

4. Technologies Complémentaires
- Mobile Banking et Cryptomonnaies: Exploration de l'interaction entre le mobile banking et les cryptomonnaies, et leur rôle dans l'amélioration de l'accès aux services financiers.
- Blockchain pour la Transparence et la Sécurité: Analyse de l'utilisation de la technologie blockchain pour assurer la transparence et la sécurité dans les services financiers.

5. Défis et Limitations
- Volatilité des Cryptomonnaies: Examen des défis posés par la volatilité des cryptomonnaies et leur impact sur l'inclusion financière.
- Éducation et Sensibilisation: Discussion sur l'importance de l'éducation et de la sensibilisation pour faciliter l'adoption des cryptomonnaies dans les populations sous-bancarisées.

6. Perspectives Futures et Politiques
- Évolutions Réglementaires et Politiques: Réflexions sur les évolutions réglementaires et politiques nécessaires pour soutenir l'utilisation des cryptomonnaies dans l'inclusion financière.
- Collaboration entre Secteurs: Exploration de la nécessité d'une collaboration entre les secteurs public et privé pour

promouvoir l'inclusion financière via les cryptomonnaies.

Conclusion

Les cryptomonnaies ont le potentiel de jouer un rôle significatif dans la promotion de l'inclusion financière, en offrant un accès simplifié et moins coûteux aux services financiers. Pour réaliser pleinement ce potentiel, il est essentiel de surmonter les défis liés à la volatilité, à l'éducation et à la réglementation. Ce chapitre souligne l'importance d'une approche holistique et collaborative pour intégrer les cryptomonnaies dans les stratégies d'inclusion financière, en vue de créer un système financier plus inclusif et accessible à tous.

CHAPITRE 35: DÉVELOPPEMENT DURABLE ET CRYPTOMONNAIES

Introduction

Le développement durable, axé sur la rencontre des besoins du présent sans compromettre la capacité des générations futures à répondre aux leurs, est un enjeu mondial crucial. Les cryptomonnaies, en tant que technologie émergente, présentent à la fois des défis et des opportunités pour le développement durable. Ce chapitre explore l'intersection entre les cryptomonnaies et le développement durable, en se concentrant sur leur impact environnemental, économique et social.

1. Impact Environnemental des Cryptomonnaies
   - Consommation Énergétique du Minage: Analyse de l'impact environnemental de la consommation énergétique liée au minage de cryptomonnaies, en particulier pour les monnaies basées sur le système de preuve de travail (Proof of Work).
   - Initiatives pour Réduire l'Empreinte Carbone: Exploration des initiatives visant à réduire l'empreinte carbone des cryptomonnaies, y compris l'utilisation d'énergies renouvelables et le développement de protocoles plus écoénergétiques.

2. Cryptomonnaies et Économie Circulaire
- Tokenisation des Ressources et des Droits Environnementaux: Discussion sur l'utilisation des cryptomonnaies et des tokens pour représenter et échanger des ressources et des droits environnementaux.
- Promotion de la Transparence et de la Traçabilité: Analyse de la manière dont la blockchain peut promouvoir la transparence et la traçabilité dans les chaînes d'approvisionnement, contribuant ainsi à une économie plus circulaire.

3. Inclusion Financière et Développement Économique
- Accès aux Services Financiers dans les Régions Sous-Développées: Exploration du rôle des cryptomonnaies dans l'amélioration de l'accès aux services financiers dans les régions sous-développées, favorisant ainsi le développement économique.
- Soutien aux Petites Entreprises et aux Entrepreneurs: Discussion sur la manière dont les cryptomonnaies peuvent soutenir les petites entreprises et les entrepreneurs, en particulier dans les économies émergentes.

4. Cryptomonnaies et Responsabilité Sociale
- Cryptomonnaies pour les Initiatives Sociales et Humanitaires: Analyse de l'utilisation des cryptomonnaies pour financer des initiatives sociales et humanitaires, y compris les dons de charité et les campagnes de financement participatif.
- Éthique et Gouvernance dans l'Écosystème des Cryptomonnaies: Discussion sur l'importance de l'éthique et de la bonne gouvernance dans l'écosystème des cryptomonnaies pour assurer un développement durable.

5. Défis et Limitations
- Défis Réglementaires et de Conformité: Examen des défis réglementaires et de conformité liés à l'utilisation des cryptomonnaies dans le contexte du développement durable.

- Sensibilisation et Éducation: Analyse de la nécessité d'une sensibilisation et d'une éducation accrues sur l'impact des cryptomonnaies sur le développement durable.

6. Perspectives Futures et Innovations
   - Innovations Technologiques pour la Durabilité: Réflexions sur les innovations technologiques futures dans le domaine des cryptomonnaies qui pourraient favoriser le développement durable.
   - Collaborations Intersectorielles: Exploration de l'importance des collaborations entre les secteurs public et privé, ainsi que les organisations non gouvernementales, pour promouvoir un développement durable via les cryptomonnaies.

Conclusion

Les cryptomonnaies, en tant que technologie disruptive, ont le potentiel de jouer un rôle significatif dans la promotion du développement durable. Cependant, pour réaliser ce potentiel, il est crucial de s'attaquer aux défis environnementaux, économiques et sociaux qu'elles présentent. Ce chapitre souligne la nécessité d'une approche équilibrée et innovante pour intégrer les cryptomonnaies dans les stratégies de développement durable, en vue de créer un avenir plus vert, plus inclusif et plus équitable.

CHAPITRE 36: CRYPTOMONNAIES ET POLITIQUE MONÉTAIRE

Introduction
L'émergence des cryptomonnaies pose des questions importantes sur leur interaction avec la politique monétaire traditionnelle. Ce chapitre explore l'impact des cryptomonnaies sur la politique monétaire des nations, en examinant comment elles peuvent influencer les systèmes financiers établis et les décisions des banques centrales.

1. Fondements de la Politique Monétaire
   - Principes de la Politique Monétaire: Introduction aux concepts de base de la politique monétaire, y compris la régulation de l'offre monétaire et le contrôle des taux d'intérêt.
   - Rôle des Banques Centrales: Discussion sur le rôle traditionnel des banques centrales dans la gestion de la politique monétaire.

2. Impact des Cryptomonnaies sur la Politique Monétaire
   - Défi pour le Contrôle Monétaire: Analyse de la manière dont les cryptomonnaies, en tant que monnaies décentralisées, défient le contrôle monétaire traditionnel exercé par les banques centrales.
   - Influence sur les Taux de Change et l'Inflation: Exploration de l'impact potentiel des cryptomonnaies sur les taux de

change et les taux d'inflation.
3. Réponses des Banques Centrales
- Monnaies Numériques de Banque Centrale (CBDC): Discussion sur le développement des CBDC comme réponse des banques centrales à l'émergence des cryptomonnaies.
- Réglementation et Surveillance: Analyse des mesures réglementaires et de surveillance mises en place par les banques centrales pour encadrer l'utilisation des cryptomonnaies.

4. Cryptomonnaies et Stabilité Financière
- Risques pour la Stabilité Financière: Examen des risques que les cryptomonnaies peuvent poser pour la stabilité financière, y compris la volatilité et les bulles spéculatives.
- Intégration dans le Système Financier: Discussion sur les défis et les opportunités liés à l'intégration des cryptomonnaies dans le système financier mondial.

5. Défis et Opportunités pour les Banques Centrales
- Adaptation aux Innovations Technologiques: Analyse de la nécessité pour les banques centrales de s'adapter aux innovations technologiques apportées par les cryptomonnaies.
- Opportunités de Diversification Monétaire: Exploration des opportunités pour les banques centrales d'utiliser les cryptomonnaies pour la diversification monétaire et la réduction des risques.

6. Perspectives Futures et Évolutions
- Évolution de la Politique Monétaire à l'Ère des Cryptomonnaies: Réflexions sur l'évolution future de la politique monétaire à l'ère des cryptomonnaies.
- Collaboration Internationale et Normes: Discussion sur l'importance de la collaboration internationale et de l'établissement de normes pour gérer l'impact des cryptomonnaies sur la politique monétaire.

Conclusion

Les cryptomonnaies représentent un défi significatif pour la politique monétaire traditionnelle, obligeant les banques centrales et les régulateurs à repenser leurs approches. Alors que le paysage financier continue d'évoluer avec l'adoption des cryptomonnaies, les banques centrales doivent trouver des moyens d'intégrer ces nouvelles technologies tout en préservant la stabilité financière. Ce chapitre souligne l'importance d'une approche proactive et adaptative pour relever les défis posés par les cryptomonnaies dans le domaine de la politique monétaire.

CHAPITRE 37: ASPECTS PSYCHOLOGIQUES ET COMPORTEMENTAUX DES CRYPTOMONNAIES

Introduction
L'investissement et le trading de cryptomonnaies ne sont pas seulement des activités financières ; ils englobent également des aspects psychologiques et comportementaux significatifs. Ce chapitre explore les dynamiques psychologiques et comportementales qui influencent les décisions des investisseurs et des utilisateurs de cryptomonnaies.

1. Psychologie de l'Investissement en Cryptomonnaies
   - Comportement des Investisseurs: Introduction aux comportements typiques des investisseurs en cryptomonnaies, y compris les biais cognitifs et émotionnels.
   - Facteurs Motivationnels: Analyse des motivations derrière l'investissement en cryptomonnaies, telles que la recherche de gains rapides, la peur de manquer une opportunité (FOMO) et la croyance dans la technologie.

2. Impact de la Volatilité sur le Comportement

- Réactions à la Volatilité du Marché: Discussion sur la manière dont la volatilité des marchés de cryptomonnaies affecte le comportement des investisseurs, souvent exacerbant les réactions émotionnelles.
- Gestion du Stress et de l'Anxiété: Exploration des stratégies pour gérer le stress et l'anxiété liés à la fluctuation des prix des cryptomonnaies.

3. Biais Cognitifs et Prise de Décision
- Identification des Biais Cognitifs: Examen des biais cognitifs courants dans l'investissement en cryptomonnaies, tels que le biais de confirmation et l'excès de confiance.
- Stratégies pour Contrer les Biais: Discussion sur les stratégies pour reconnaître et contrer les biais cognitifs dans la prise de décision d'investissement.

4. Phénomènes de Groupe et Dynamiques Sociales
- Effet de Groupe et Pression Sociale: Analyse de l'impact des dynamiques de groupe et de la pression sociale sur les décisions d'investissement en cryptomonnaies.
- Rôle des Médias Sociaux et des Forums en Ligne: Exploration de l'influence des médias sociaux et des forums en ligne sur les perceptions et les comportements des investisseurs.

5. Éducation Financière et Conscience des Risques
- Importance de l'Éducation Financière: Discussion sur l'importance de l'éducation financière pour comprendre les risques et les réalités du marché des cryptomonnaies.
- Développement d'une Approche Rationnelle: Conseils pour développer une approche plus rationnelle et informée de l'investissement en cryptomonnaies.

6. Perspectives Futures et Recherches
- Études Futures sur le Comportement des Investisseurs: Réflexions sur les besoins de recherches futures pour mieux comprendre le comportement des investisseurs en cryptomonnaies.
- Adaptation aux Évolutions du Marché: Exploration de la manière dont les investisseurs peuvent s'adapter aux évolutions futures du marché des cryptomonnaies.

Conclusion

Les aspects psychologiques et comportementaux jouent un rôle crucial dans l'investissement et le trading de cryptomonnaies. Comprendre ces dynamiques est essentiel pour prendre des décisions éclairées et gérer efficacement les risques. Ce chapitre souligne l'importance de l'éducation financière, de la conscience de soi et de la gestion émotionnelle dans la navigation dans le monde complexe et souvent volatil des cryptomonnaies.

CHAPITRE 38: CRYPTOMONNAIES ET ASSURANCE

Introduction

L'intégration des cryptomonnaies dans le secteur de l'assurance ouvre de nouvelles perspectives pour la gestion des risques, la souscription et les paiements. Ce chapitre explore les implications des cryptomonnaies pour l'industrie de l'assurance, en examinant comment elles peuvent transformer les opérations traditionnelles et introduire de nouveaux modèles d'affaires.

1. Cryptomonnaies dans le Paiement des Primes d'Assurance
   - Facilitation des Paiements: Discussion sur l'utilisation des cryptomonnaies pour simplifier et accélérer le processus de paiement des primes d'assurance.
   - Avantages pour les Assurés Internationaux: Analyse des avantages des paiements en cryptomonnaies pour les clients internationaux, en éliminant les frais de transaction et les taux de change.

2. Cryptomonnaies et Indemnisations
   - Rapidité des Indemnisations: Exploration de l'utilisation des cryptomonnaies pour accélérer le processus d'indemnisation, en fournissant des paiements rapides et sécurisés aux assurés.
   - Transparence et Réduction des Fraudes: Discussion sur la manière dont les cryptomonnaies peuvent augmenter la transparence et réduire les risques de fraude dans les indemnisations.

3. Blockchain et Souscription d'Assurance
- Amélioration de la Souscription: Analyse de l'impact de la blockchain, la technologie sous-jacente des cryptomonnaies, sur la souscription d'assurance, notamment en termes de gestion des données et d'évaluation des risques.
- Contrats Intelligents pour les Polices d'Assurance: Exploration de l'utilisation des contrats intelligents pour automatiser l'exécution des polices d'assurance et la gestion des sinistres.

4. Cryptomonnaies et Réassurance
- Facilitation des Transactions de Réassurance: Discussion sur l'utilisation des cryptomonnaies pour simplifier et sécuriser les transactions de réassurance entre les entreprises.
- Innovation dans les Modèles de Réassurance: Analyse des nouvelles opportunités que les cryptomonnaies et la blockchain offrent pour innover dans les modèles de réassurance.

5. Défis Réglementaires et de Conformité
- Questions Réglementaires: Examen des défis réglementaires liés à l'acceptation des cryptomonnaies dans l'industrie de l'assurance, y compris les questions de conformité et de régulation financière.
- Gestion des Risques de Volatilité: Discussion sur la gestion des risques associés à la volatilité des cryptomonnaies dans le contexte de l'assurance.

6. Perspectives Futures et Innovations
- Évolution du Paysage de l'Assurance: Réflexions sur l'impact potentiel à long terme des cryptomonnaies sur le paysage de l'assurance.
- Innovations et Collaborations Intersectorielles: Exploration des innovations futures et des opportunités de collaboration entre les secteurs de l'assurance et de la technologie financière.

Conclusion

L'intégration des cryptomonnaies dans l'industrie de l'assurance présente des opportunités significatives pour moderniser les processus de paiement, améliorer la gestion des risques et introduire de nouveaux modèles d'affaires. Toutefois, cette intégration doit être abordée avec prudence, en tenant compte des défis réglementaires et de la volatilité du marché. Ce chapitre souligne l'importance d'une approche équilibrée et innovante pour exploiter le potentiel des cryptomonnaies dans le secteur de l'assurance.

CHAPITRE 39: CRYPTOMONNAIES ET CHANGEMENTS SOCIO-CULTURELS

Introduction
L'ascension des cryptomonnaies ne se limite pas à un phénomène économique ou technologique ; elle engendre également des changements socio-culturels significatifs. Ce chapitre explore l'impact des cryptomonnaies sur les normes sociales, les comportements culturels et les structures sociétales.

1. Modification des Perceptions de la Monnaie
   - Évolution de la Notion de Valeur: Discussion sur la manière dont les cryptomonnaies remodèlent la perception traditionnelle de la valeur et de la monnaie.
   - Confiance et Décentralisation: Analyse de l'évolution de la confiance des consommateurs, passant des institutions centralisées aux systèmes décentralisés.

2. Cryptomonnaies et Inclusion Sociale
   - Accès Élargi aux Services Financiers: Exploration de l'impact des cryptomonnaies sur l'inclusion financière, en particulier pour les populations non bancarisées.
   - Réduction des Inégalités Économiques: Discussion sur le potentiel des cryptomonnaies à réduire les inégalités économiques en offrant un accès égalitaire aux ressources financières.

3. Impact sur les Comportements de Consommation

- Changement des Habitudes de Consommation: Analyse de l'impact des cryptomonnaies sur les habitudes de consommation, y compris les achats en ligne et les transferts d'argent.
- Adoption des Technologies Blockchain: Exploration de la manière dont l'adoption des technologies blockchain influence les comportements de consommation et les attentes en matière de transparence et de sécurité.

4. Cryptomonnaies et Culture Jeune
- Engagement des Générations Plus Jeunes: Discussion sur l'attrait des cryptomonnaies pour les générations plus jeunes et leur impact sur la culture jeune, notamment en termes d'investissement et d'innovation.
- Éducation et Sensibilisation: Analyse de l'importance de l'éducation et de la sensibilisation aux cryptomonnaies pour les jeunes générations.

5. Défis Éthiques et Sociaux
- Questions Éthiques et Responsabilité: Examen des questions éthiques soulevées par l'utilisation des cryptomonnaies, y compris la responsabilité sociale des entreprises dans ce domaine.
- Impact sur les Relations Sociales et le Travail: Discussion sur l'impact des cryptomonnaies sur les relations sociales et les structures de travail, y compris le travail indépendant et les économies décentralisées.

6. Perspectives Futures et Adaptation Culturelle
- Évolution des Normes Sociales et Culturelles: Réflexions sur l'évolution future des normes sociales et culturelles sous l'influence des cryptomonnaies.
- Adaptation des Institutions et des Politiques: Exploration de la nécessité pour les institutions et les politiques de s'adapter à l'émergence des cryptomonnaies et à leur impact sociétal.

Conclusion

Les cryptomonnaies ne sont pas seulement un phénomène économique ; elles représentent également un moteur de changement socio-culturel. En modifiant les perceptions de la valeur, en influençant les comportements de consommation et en remodelant les structures sociales, les cryptomonnaies sont en train de redéfinir de nombreux aspects de la société contemporaine. Ce chapitre souligne l'importance de comprendre et d'embrasser ces changements, tout en abordant les défis éthiques et sociaux qu'ils présentent.

CHAPITRE 40: INTERACTIONS ENTRE CRYPTOMONNAIES ET AUTRES TECHNOLOGIES ÉMERGENTES

Introduction
L'intersection des cryptomonnaies avec d'autres technologies émergentes crée un paysage riche en innovations et en possibilités. Ce chapitre explore comment les cryptomonnaies interagissent avec des technologies telles que l'intelligence artificielle (IA), l'Internet des Objets (IoT), la réalité augmentée (RA) et la réalité virtuelle (RV), en façonnant de nouvelles applications et en transformant divers secteurs.

1. Cryptomonnaies et Intelligence Artificielle
- Optimisation du Trading et des Prévisions: Analyse de l'utilisation de l'IA pour optimiser les stratégies de trading de cryptomonnaies et pour prédire les tendances du marché.
- Sécurité et Gestion des Risques: Discussion sur l'application de l'IA dans la détection des fraudes et la gestion des risques dans les transactions de cryptomonnaies.

2. Cryptomonnaies et Internet des Objets (IoT)
- Transactions Automatisées dans l'IoT: Exploration

de l'utilisation des cryptomonnaies pour faciliter les transactions automatiques et sécurisées entre appareils IoT.
- Modèles Économiques Basés sur l'IoT: Analyse des modèles économiques innovants qui émergent à l'intersection de l'IoT et des cryptomonnaies, tels que les systèmes de micropaiements pour les services IoT.

3. Cryptomonnaies, Réalité Augmentée et Réalité Virtuelle
- Expériences Immersives de Trading: Discussion sur l'utilisation de la RA et de la RV pour créer des expériences de trading de cryptomonnaies immersives et interactives.
- Monnaies Virtuelles dans les Mondes Virtuels: Exploration de l'intégration des cryptomonnaies dans les mondes virtuels et les plateformes de métavers, facilitant les transactions et la propriété numérique.

4. Blockchain, Cryptomonnaies et Big Data
- Analyse de Données pour les Marchés de Cryptomonnaies: Analyse de l'utilisation du Big Data pour obtenir des insights sur les marchés de cryptomonnaies et améliorer les décisions d'investissement.
- Sécurité des Données et Transparence: Discussion sur l'apport de la blockchain dans la sécurisation et la transparence des données massives.

5. Défis et Limitations
- Complexité Technique et Intégration: Examen des défis techniques liés à l'intégration des cryptomonnaies avec d'autres technologies émergentes.
- Questions Réglementaires et de Conformité: Analyse des questions réglementaires et de conformité qui se posent à l'intersection de ces technologies.

6. Perspectives Futures et Innovations
- Innovations Technologiques Transversales: Réflexions sur les innovations futures qui pourraient émerger de la convergence de ces technologies avec les cryptomonnaies.
- Impact sur les Industries et la Société: Exploration de l'impact potentiel de ces interactions technologiques sur diverses industries et sur la société dans son ensemble.

Conclusion

L'interaction des cryptomonnaies avec d'autres technologies émergentes ouvre un champ d'innovation et de transformation dans de nombreux secteurs. De l'optimisation du trading à la création de nouvelles expériences utilisateur dans les mondes virtuels, ces convergences technologiques promettent de remodeler notre façon de voir et d'interagir avec le monde financier et au-delà. Ce chapitre souligne l'importance de naviguer dans ce paysage en évolution avec une compréhension approfondie et une approche stratégique pour exploiter pleinement le potentiel de ces technologies interconnectées.

www.ingramcontent.com/pod-product-compliance
Lightning Source LLC
Chambersburg PA
CBHW050310230526
45471CB00005B/2117